# ザ・ミクソロジー

カクテル創作のメソッドとテクニック

南雲主于三

柴田書店

# THE MIXOLOGY
Shuzo Nagumo

# はじめに

本書は「ミクソロジーカクテルとはどんなものか」「いかなるロジックで作り上げるか」を私なりにまとめた一冊である。カクテルの教科書ではないし、レシピ集でもない。各カクテルについてはレシピに加えてそれがどのようにしてでき上がったかを、機材の説明にはそれを使う目的と意味に重きを置いて書いた。大切なのはレシピではなく、そこに至る道、創造性の軌跡である。道具であればその必要性である。本書のカクテルは、答えが書かれた答案用紙ではなく、未来への創作の方程式の断片と思って見ていただきたい。

ミクソロジーカクテルとは何か？という問いに答えはないと思っている。これから10年、20年過ぎた頃に形ができるかもしれない。本書では、今の時点で考えられる「枠組みに囚われずに自由に創造するカクテル」という、広義の意味でのミクソロジーカクテルについて、余すことなく公開している。技法も、材料も、機材一つ一つについてもそれぞれを「点」ではなく「大きなパズルのピース」としてとらえてほしい。新しい世界が見えてくると思う。

ミクソロジーカクテルは複合芸術といっていい。いろいろな道具、技術、材料、アイデアが織り交ざって1杯になっていく。レシピを見た後、創作ロジックのコメント部分を読み、そして再度レシピに立ち返ると、なぜそれが作られ、どうやって作られたのかがより深く理解いただけると思う。カクテルとは「結果」であり、結果とは考え方、組み合わせでいかようにも変わる。ここに記載してあるレシピを一つの事例、一つの方程式ととらえて、あなた自身のカクテル創作の役に立てていただければ幸いである。

南雲主于三

# 目次

はじめに　3

| 第1章 | ミクソロジーとは何か |
|---|---|

1. ミクソロジーの定義　8
2. カクテルの歴史　10
3. ミクソロジー、さまざまなトレンド　13
4. スタンダードカクテルと
　ミクソロジーカクテルの思考法の違い　17

| 第2章 | カクテルの基本テクニックを考える |
|---|---|

1. ステア　22
2. シェイク　29
3. スローイング　34
4. ビルド　35
5. ブレンダー／フローズンカクテル　37

| 第3章 | ミクソロジーのメソッド──材料、技法、器具 |
|---|---|

1. グラス　40
2. 氷　45
3. カクテルに個性を与える材料　48
　　1）塩　48
　　2）甘味料　51
　　3）スパイス、調味料など　54
　　4）茶葉　58
4. 新しい味わいをもたらす技術コンセプト　60
　　1）インフューズ　60
　　2）ウォッシング　68
　　3）エイジング　72

5. 新機材がもたらす味・香り・テクスチャー　76

　　1）ロータリーエバポレーター　76

　　2）ディハイドレーター　80

　　3）遠心分離機　82

　　4）真空包装機＆サーキュレーター　83

　　5）スロージューサー　85

　　6）エスプーマサイフォン　86

　　7）液体窒素　88

　　8）スモークガン　91

　　9）ソーダストリーム　93

　　10）増粘剤、ゲル化剤、乳化剤　94


第4章　カクテルコレクション

1. クラシック＋α　99

2. モダンシンプル＆コンプレックス　123

3. シーズナル　137

4. フードインスパイヤード　155

5. コンセプチュアル　175

6. お茶のカクテル　189

7. コーヒーカクテル　215

8. 國酒のカクテル　227

9. ニトロカクテル　237


第5章　ミクソロジーを構成する自家製材料レシピ

1. エバポレータースピリッツ　246

2. インフュージョン　256

3. 樽熟成　260

4. シロップ、コーディアル、シュラブ　261

5. その他のキーパーツ　266

6. ガーニッシュ　270

| 第 6 章 | カクテルの構築方法 |
| --- | --- |

1. 基本の構成理論　272
2. オリジナルカクテルの発想法　276
3. より多くの意見に耳を傾ける　284

| 最終章 | バー業界の未来 |
| --- | --- |

1. バーテンダーに求められるもの　286
2. カクテルの未来　288
3. ジャパニーズ・バーテンディングの本質　292

おわりに　294

撮影／大山裕平
デザイン／甲谷 一・秦泉寺眞姫（Happy and Happy）
編集／木村真季

## 第1章

## ミクソロジーとは何か

# 1. ミクソロジーの定義

ミクソロジーとは mix（混ぜる）に、接尾辞 - logy（「〜学」「〜論」）を結び
つけた造語。字義的には「ミックス論」ということになるが、カクテルの世界
においての一般的解釈は以下となる。

自由な発想で、既成概念を飛び越えて創造するカクテルの総称。それを作る人
をミクソロジスト mixologist と呼ぶ。

欧米でこの呼称が広く一般化した 2000 年代半ば以来、現在にいたるまで、な
にかと「ミクソロジストとバーテンダーは何が違う？」ということが、ウェブ
サイトや公共の場で議論されてきた。その最大公約数なところをとると、以下
のような対比となる（日本国内ではなく、あくまで海外において）。

Bartender　バーテンダー
■古典的なカクテルを多く知っており、作ることができる
■店舗マネージメントに関与し、在庫管理、運営ができる
■多くの顧客をコントロールし、店舗内を常に調整する
■一度に多くのゲストに対応する

Mixologist　ミクソロジスト
■イノベーティブな自家製の素材を使用し、独創的なカクテルを創作する
■古典的なクラシックカクテルを再考し、洗練化させる
■新しい技術、テクニックを開発、発見、応用
■バーテンダーの分野を発展させる研究と支援（コンサルティング）
※参考文献：https://www.thespruce.com/what-is-mixology-759941
https://drinks.seriouseats.com/2013/08/history-origins-of-the-term-mixologist-nineteenth-century-drinking-
bartenders-jerry-thomas.html

ミクソロジストのほうが技術的で、バーテンダーは運営者・コントローラーと
いう意味合いが強いことがおわかりだろうか。100 年以上前からバーテンダー
は「バーキーパー」と言われていた。カウンターは客との境界線であり、バー
テンダーはその門番というわけだ。客が勝手にバックバーの酒を飲まないよう
に管理し、顧客の話を聞き、酒をサーブし、暴れる客がいれば追い出した。か
つて、バーテンダーはこう評されていた。「バーテンダーはときに調合師であり、
専門家であり、バー全体を管理する。そして客にとってよきカウンセラーであ
り、最良の友である」。職業的な調合に留まらず、顧客の心を癒して活力を取
り戻す町医者のような役割も担っていた。

ではミクソロジストはどうか。「ミクソロジストはときに調合師であり、科学者であり、常に新しい調合技術を求め、創り、カクテルの文化を開拓していく存在である」。これは私が考える定義で、そこには「革新」と「驚き」という意が込められている。ミクソロジストは常に新しい技術の発見、プレゼンテーションの方法の開発、素材の探求を惜しまない。そういう、ある種の科学者的な姿勢と、あくなき探求心をもつ者であるべきだと。

## 「ミクソロジー」という概念の変遷／「カクテル」と同義→トレンドリーダーに

「ミクソロジーという言葉が生まれたのは1990年代」という説が多く流布しているが、本来はけっして新しいものではない。現時点での調べでは1891年サンフランシスコのカクテルのパイオニアと言われた、ウイリアム・T・ブースビー著の『カクテル　ブースビーズ　アメリカンバーテンダー』（"Cocktail Boothby's American Bartender" by William T.Boothby）において初めてミクソロジーという言葉が見つかる。その後、幾度となくカクテルブックを中心に登場するのだが、ただそこに、昨今のような「既成概念を超えた新しいカクテル」といったニュアンスはない。1948年発行のメリアム・ウェブスターの辞典ではミクソロジーを「混合飲料を作る芸術や技能」と定義している。つまり「カクテル」の別の呼び方、ほぼ同義とみてよさそうだ。

現在のような意味で「ミクソロジー」「ミクソロジスト」という言葉が脚光を浴びるのは2000年前後頃のことである。本来は古典的な言葉が、新しい概念をまとったとたん一気に注目された。ニュースターの誕生のようにまたたく間に世界のバーシーンを席巻し、多くのバーテンダーがミクソロジストと名乗るようになった。

そこで当然、新しいカクテルのブームが起きる。当初はひたすら前衛に向かった。かつてない斬新な味やプレゼンテーションが生まれ、人をあっと驚かせるようなカクテルがつぎつぎと登場した。だが、創作への興味は、トレンドの流れとともにしだいに温故知新に向かっていくようになる。カクテルの起源や歴史にフォーカスする書籍が多く出版され始めると、グローバルカクテルコンペでもクラシックカクテルをテーマの一つとして扱うようになってきた。そのため、コンペティションに勝つために古い文献を読み、カクテルの歴史を紐解くということがバーテンダーにとって必須になった。2010年以降、オールドファッションド、サゼラック、ネグローニといったクラシックカクテルが世界的に一気に人気が高まった。

一方でミクソロジーという新しい創作の波は世界にくまなく、あらゆる素材に

向けて広がり、新たなスタイルを生み出していく。味の領域が広がり、多様性が増し、語弊なくいえば、カクテルというものを成長させた。世界中を旅するゲストも、各国の有名なバーで「サプライズ!」で「クール!」なカクテルを求めた。こうした流れがこれまでカクテル後進国と言われたアフリカ、中東、東南アジアの国々にもバーカルチャーを生み出し、一気に成長していった。

このカクテル革命ともいえるダイナミズムの裏側には「グローバルカクテルコンペ」の競争と、「情報と技術シェア」を目的とした SNS やインターネットの力が強く影響している。カクテルコンペティションでは常に新しさが求められるため、創作カクテルの意味あるストーリーテリング、魅力のあるリチュアルサーブを含めたプレゼンテーション、新しい技術、アイディアがつぎつぎと生まれた。その新しいカクテルは SNS や YouTube にのって、生まれたその日のうちに全世界のミクソロジスト及びバーテンダーにシェアをされるような流れになり、カクテルの革新が急激に進んでいった。


# 2. カクテルの歴史

ミクソロジーという「新しいカクテル」を指すキーワードが生まれたことは、現在の世界的なカクテルブームの重要な基点になった。そこからさまざまなトレンドが生まれていくが、その一つ一つを探る前に、カクテルの歴史の全体像を踏まえておきたい。

### 1800 年代　カクテルの誕生〜ジェリー・トーマスの時代

さかのぼること約 200 年前。1806 年 5 月 6 日付のニューヨークの『ザ・バランス The Balance』という新聞の記事中、選挙がらみの論評の中に比喩として「カクテル」の語が登場する。さらに翌週 13 日、記事の意味を問う読者からの投書に対する返答記事があり、その枕につぎのような文言が出てくる。

Cock tail, then in a stimulating liquor, composed of spirits of any kind, sugar, water and bitters it is vulgarly called a bitteredsling,…
(カクテルとは刺激的なリカーの一種で、何らかのスピリッツ、砂糖、水そしてビターズを混合させたもの。それはビタードスリングとも俗称される)

これが、現在確認できるなかで最も古い"カクテルを定義した文章"と言われている。ちなみに面白いのは「スリング」という言葉が当時からあったという

こと。しかもここでいうビタードスリングは、今のオールドファッションの原型のようだ。

1860 年代、プロフェッサー Professor と呼ばれたジェリー・トーマス Jerry Thomas がカクテルを大きく成長させた。彼の著書『ザ・バーテンダーズ・ガイド The Bartender's Guide』にはベーシックな技術、レシピに加え、自家製の製造方法などが細かく記載してあり、当時のバーテンダーのバイブルとして広まった。当時、氷はどうやって入手していたのか？ 1800 年代初頭、アメリカでフレデリック・テューダーが世界初の天然氷の採氷・販売業を興して成功し、以降氷が流通するようになっていった。機械製氷が広まるのはもう少し後、フェルディナン・カレが 1869 年にアメリカ 5 カ所に整氷工場を開業して以降のことだ。

**禁酒法の時代**

1920 年にアメリカで禁酒法が発令されると、多くのバーテンダーがヨーロッパに渡った。ヨーロッパにカクテル文化がもたらされたのは大きな出来事だったが、じつはアメリカのカクテル文化が衰退したわけではなかった。狂乱の20 年代と言われたアメリカでは、むしろ音楽やカクテルといった文化的要素が飛躍的に伸びたと言われている。酒が禁止されれば、人は隠れて飲む。官憲の目を避けた隠れ家スタイルのバー「スピークイージー Speakeasy」が数多く作られた。密造酒は粗悪なものが多く、それをいかに飲めるようにするかという目的でさまざまな「調合」が試みられ、皮肉にも後世に残る多くのクラシックカクテルがこの時代に生まれた。

スピークイージーの多くはマフィアが運営しており、酒類を提供するだけではなく、この時代の娯楽と密会の場所でもあった。法の目を逃れて人間本来の欲望に向き合う"裏文化サロン"でもあり、カクテルのみならず文学や芸術の発信地ともなった。

禁酒法が解かれた（1933 年）後のアメリカには、ハリウッドを起点にしてレストラン・バー業界にティキ（tiki ポリネシア文化のこと）ブームが到来。マイタイなどラムをベースにしたトロピカルカクテルが盛り上がっていく。

**第二次大戦後〜 カクテルの大衆化**

戦後 15 年が経過した 1960 年代になると、現在「クラシックカクテル」と呼ばれるもののほとんどが出揃う。また華やかな時代を反映してパンチカクテル

などパーティカクテルが流行した。もはやカクテルはアンダーグランドなものではなく、華やかできらびやかなシーンの代表として地位を築いていった。

## 1980年〜90年代、「モダンカクテル」

1987年、ニューヨークでは「キング・オブ・カクテル」と呼ばれたデール・デグロフ Dale Degroff 率いるチームが、ロックフェラーセンターのレインボールームというレストランでジェリー・トーマスのカクテルをベースにしたカクテルをモダンに提供し、大きな注目を浴びた。これを機にカクテル文化がさらに高まっていく。この頃から「ミクソロジー」という言葉が聞かれるようになる。

1980後半〜90年代のモダンカクテルには、「ドライ傾向」も指摘できる。それ以前の"甘いカクテル"に対する「アンチ・リッチ」の姿勢もあり、とくにショートカクテルにはドライで切れ味のよい、すっきりとしたものが求められた。また、90年代にテレビドラマの影響でコスモポリタンが大ヒットしたことも業界的なトピックだった。カクテルはそれまでも映画やコマーシャルの中で小道具的に扱われては注目されてきたが（映画007シリーズにウオッカマティーニ、マティーニオンザロックスタイルがたびたび登場して、一般のカクテル通にまで広く浸透したのはその最たるもの）、メディアの影響力がより大きくなった時代を感じさせた。

## 2000年代〜　ミクソロジー時代到来

そして、ようやくミクソロジー・カクテルの本格的な流行を迎える。

カクテルの変化はまずサンフランシスコとロンドンで同時期くらいに起こったと言われている。それまでのカクテルは、既存のリキュールを用いて作るのが常識で、バーテンダーによる自家製素材はほとんど使われていなかった。これは日本でも欧米でもほぼ同様だ。それに対して、2000年頃にまずロンドンのホテルバーテンダーたちが疑問を持ち始めた。「フレッシュのフルーツが容易に手に入る時代なのに、なぜリキュールを使うのか？」。

そして、フレッシュフルーツマティーニが生まれる。バーテンダーたちはカクテルの材料の一つ一つに目を向け始める。シチュエーションに応じて、既製品のジュースではなくフレッシュの果物から果汁を搾る、自分でスパイスを漬け込む、既存のカクテルレシピにはない野菜やハーブや果物も使ってみる…。素材への幅が一気に広がることによって、カクテルのバリエーションも拡大していった。

また、2000年代に入ると料理業界における注目技術や考え方がカクテルの世界にも入ってくる。たとえば真空調理、テクスチャーの多様性（ムース状のエスプーマ、エアーという軽い泡、ゼリー…）、液体窒素のメソッド等々で、それらを可能にする器具、機械、材料が多く導入された。当時の料理革新の影響を受け、ミクソロジストたちにも「新しいカクテルを創造するために、新しい方法を探求する」姿勢が浸透していった。

新機材は、あるものは材料の自家製に必要な基本ツールとなり、またさまざまなトレンドカクテルを生み出していった。もちろん、一時的に注目されたものの、その後鳴りを潜めたものもある。たとえばアルギン酸ナトリウムや各種ゲル化材料を使ってカクテルをゼリーにしたり、キャビア状にしたりと「形状変化」させたカクテルがひところ非常に注目されたが、結局はメインストリームにならなかった。カクテルの表現はいくらでも自由に広がるが、最終的には飲む人が望むところに落ち着く。とはいえ、これらの技術（俗に分子料理と呼ばれる）もカクテルのベーシックメソッドの一つとなり、アクセント用に使われるなど広く応用されている。


# 3. ミクソロジー、さまざまなトレンド

### ツイストカクテル

近年、数多くのスタイルのカクテルが生まれた。「クラシックカクテル」の対極にある「モレキュラーカクテル」（p.15）というわかりやすい形から始まり、「ティキ」、「デコラティブ」、「シンプルナイズ」など、他との差別化を狙ったさまざまなスタイルが生まれた。その中で一番大きな影響を生んだものが「ツイストカクテル」である。

「ツイストカクテル」は2009年以降からグローバルカクテルコンペティションで選考の題材とされ、世界中のバーテンダーが考え始めた。その頃、時期を同じくしてファッション業界でも「レトロ・シック」と称した1950～1960年代のスタイルが注目され、一部トレンドになっていた。ファッションの流れは音楽などにもリンクする傾向が強く、おのずと文化要素が近い酒にも飛び火してくるわけだが、そのキーワードが「ツイスト」だった。「古いデザインをその本質を生かしながら新しくリメイクする」という意味でこの言葉が使われるようになり、カクテル界でもリメイクカクテルのことをツイストカクテル、または「～をツイストしてくれ」と言うようになった。「ツイスト」という言葉は、今はカクテルメイキングの基本ワードである。

じつはこのトレンドは、スピークイージーの世界的ブームと深い関係がある。2008年からスピークイージー、つまり"禁酒法時代（1920～1933）のもぐり酒場"スタイルのバーが欧米でブームになった。当時さながらに入口は隠され、普通には見つけられない。限られた入口から、ときに暗号や仕掛けをくぐってドアを開けると、きらびやかなバーの世界が待っている。そんな秘密めいた空間を意図的に現代に蘇らせ、モダンに変身させたバーが世界中で大流行した。そこで飲まれるのはもちろん1920年代前後のいわゆるクラシックカクテルだが、それ以前の1800年代のヴィンテージカクテルも多くラインナップされるようになった。当時のままのレシピで提供されることもあったが、差別化のためという以上に、素材がそもそも違っているため昔のレシピだとバランスが取れないので、「リメイク＝ツイスト」することが一般的であった。

スピークイージースタイルは大きなトレンドになり、歴史をふり返るきっかけともなって、多くのクラシックカクテルが研究され、リメイク＝ツイストカクテルが生まれた。ちなみにこの過程で、1950年代（厳密に言うと1930年代から1960年代まで断続的に）に流行したティキカクテルの専門バーもリバイバルした。

## 材料のトレンド

ミクソロジストに一貫する姿勢のひとつに、材料へのこだわりがある。その探求心は、日新しい材料に対してばかりではなく、カクテルのベーシック素材であるスピリッツ、リキュール、割り材、炭酸水…などにも向けられ、さまざまなトレンドが生まれた。

スピリッツの「注目トレンド」は2000年代初期のウオッカから、そのプレミアムテキーラ、バーボン、メスカル、ビターズ、ジン…と、数年ごとに移り変わってきた。ちなみに2019年現在はまだ大きなジンブームの中にある。クラフトジンのブームは、トニックウォーターなどの割り材のブームも引き起こし、現在もさまざまな製品が新登場している。そして、この後にきそうなのは…ラム、コニャック、ハーブ系リキュール、オードヴィーなど。もしかしたらブームが来るかもしれない。

材料トレンドの一例にビターズのブームがある。ビターズとは、植物の苦み成分を酒に抽出した濃縮のリキッドで、古く昔は胃薬的な感覚で飲まれていた。2010年頃から、クラシックカクテルのトレンドと相まって、多様なビターズを使い分けることがブームとなった。バーテンダー自ら自家製する人もあり、カクテルの個性を左右する副材料として注目度が高まった。

本来のビターズは苦みで味を引き締めて立体的にしたり、アクセントとして加えるというものだったが、今は、フレーバー別のビターズが多い。ラベンダー、カルダモン、セロリ、チョコレート、わさびやうま味ビターズといったものもある。どちらかといえば、ビターズというよりティンクチャー（香りに特化した濃縮液）のようなものも多い。

## 最新技法というトレンド

2000年初頭までは「カクテルのトレンド」とは「味の傾向」、「スタイル」を指すものだった。たとえば1980年代に始まるドライなカクテルというトレンドは、味の傾向と言えるものである（1990年代後半から少しずつ極端なドライ傾向はやわらいでいった）。また、同じ時期に一世風靡したセックスオンザビーチやコスモポリタンなどは、ドラマやコマーシャルのアイコンという「スタイル的要素」をもつヒットカクテル。いずれにおいても、その技術や手法がトレンドになることはなかった。特殊な手法や技術は必要ではなく、通常の技術で作れたからだ。手法自体がフォーカスされてきたのは2005年以降である。

2005年頃、俗に「分子料理」と呼ばれる、食品工学の技術を応用した新調理技法がカクテルにも転用された。モラキュラーカクテル（分子カクテル）と言われるジャンルで、"球体のジントニック"など、通常の技術では実現できないフォルムやテクスチャーをもったカクテルは大きな注目を集める。そこから技術と手法に着目されるようになっていく。

液体窒素を使ったフローズンカクテルも、2012年頃からポピュラーになった。その後、ロータリーエバポレーター（減圧蒸留器）、遠心分離機、ソニックプレップ（超音波発生装置）、ディハイドレーター（乾燥機）等の最新機材も登場する。これらはいずれも非常に高価だが、各機器が持つ特性を活かせば特殊な素材を作ることができる。高額なものは100万円をゆうに超えてしまうため、使用するバーテンダーは多いとはいえない。誰でも使えるものではない＝トレンドにはなり得ないのだが、これらの新機材によって実現した材料、またはそれを使ったカクテルは、新しい味として近年一番のサプライズになった。これらはまだまだ使い道が模索の途にある。引き続き使われていくであろうし、さらに機材自体も今後さらに進化していくだろう。

## SNS や YouTube の影響

これらニューテクノロジー系カクテルは見よう見まねでは絶対に作れない。専用の材料と厳密なレシピが必要になるからだが、これをわかりやすく伝えるの

に大きく役立ったのが Facebook と YouTube である。Facebook ではさまざまな媒体で取り上げられたカクテルの記事が絶え間なく投稿され、情報は常に刷新される。世界中のバーテンダーがプロのカメラマンを使い、カクテルメイキング VTR を撮っては YouTube にどんどんアップしていく。増粘剤など多くの分子料理系調理材料を販売する Sosa 社、スモークガン等を扱う Polysciences 社も自社製品の PR のために多くの商品 VTR をアップロードしている。書物からだけではわからないニュアンスや工程はこれらからすべて明らかになり、非常に受け取りやすい状態なってきた。

## ナチュラル志向、環境意識、社会貢献

2008 年から現在までの短い期間に非常に多くのトレンドが生まれたわけだが、2017 年以降は新しい言葉も入ってくるようになった。それが「サステナブル」「ローカライズ」「ガーデン・トゥ・グラス」である。

分子料理がそうであったように、料理業界に起きたトレンドは時間差で必ずカクテル業界に影響してくる。よりナチュラルに、より環境保存に貢献すべき…という「サステナブル」意識も、ミクソロジストに到達している。あるバーでは 1 日の廃棄物を 100g 未満にするという工夫をするなど、容器の工夫、素材の工夫をし、いかに環境に優しいカクテル作りができるか、ということが着目され始めている。

「ローカライズ」とは地域の文化をカクテルに反映する動きのこと。料理業界でよく強調される「テロワール（土地性）」と同様の観点で、その土地でしか飲めない、その文化が味わえる、感じられる、カクテルが求められるようになった。

「ガーデン・トゥ・グラス」は、料理業界における「ファーム・トゥ・テーブル」というコンセプトに通じる。菜園、庭園のよりフレッシュな多種多様なハーブがカクテルにも使われるようになった。このことはクラフトジンのブームとも通底していると思う。地域性の高い多様なボタニカルが用いられるクラフトジンが注目されることと相まって、「ボタニカル」への意識と人気が高まった。

今後は「健康」がより重要なコンセプトになるだろう。アレルギー問題への解決、糖質が限りなくゼロに近いカクテルの開発、そして飲酒が与える健康被害をどうリカバリーするかも問われてくる。純粋に創作性を追求してきたカクテルが、しだいに環境問題や健康問題をテーマにするようになってきた。この流れは 2020 年代も続いていくだろう。

# 4. スタンダードカクテルと
# ミクソロジーカクテルの思考法の違い

## スタンダードカクテル＝「型」を磨く

ここでいうスタンダードカクテルとは戦前までに作られたカクテルを指す。マ
ティーニ、マンハッタン、ギムレット、ダイキリ、マルガリータ、アレキサンダー
…等々。海外ではスタンダードカクテルとは呼ばずにクラシックカクテルと呼
び、その範疇はほとんど同じだが、1800 ～ 1900 年代をヴィンテージカクテル、
1900 ～ 1945 年までをクラシックカクテルと呼び分けるケースもある。ちなみ
に、ラスト・ワード Last word、アビエーション Aviation、ラモス・ジン・フィ
ズ Ramos Gin Fizz などのクラシックカクテルは世界的には有名だが、日本で
はほとんど知名度はない。

なお、「スタンダードカクテル」も「クラシックカクテル」も意味するところは「基
本のカクテル」であり、「古典」という意味はない。技術や組み合わせのスタ
ンダードという意味が強い。

スタンダードカクテルのレシピには（すべてではないが）、一定の型を見るこ
とができる。
「3：1：1」や「4：1：1」のバランスが一番わかりやすい。
例＞　ブランデー 3：コアントロー 1：レモン 1
　　　ジン 3：コアントロー 1：レモン 1

こういう典型的なフォーマットが存在し、そこから微調整はするが、基本的に
レシピを自己流に組み替えたり、違うものを入れたりすることは、ある種のタ
ブーとされていた。それをしてしまうともうスタンダードカクテルではなく、
作り手のオリジナルカクテルである…という認識だ。あくまで基本のベースを
守っていくというのがクラシックバーテンダーの伝統的な姿勢、ルールであり、
守破離の「守」の部分が非常に強い。

また、スタンダードカクテルでは材料として既存の商品を使い、自家製をあま
り多用しない。だからこそカクテルが広く普及できたともいえ、また既製品を
使わないとカクテルの味を一定に保ちづらい、という側面も推測できる。

## ミクソロジーカクテル＝自由に創造する

一方、ミクソロジーカクテルの作り方の特徴はとは何か。──「とくに決まってない」である。

15年ほど前、よくこう言われた。「人工甘味料、リキュール等は使わずに、プレミアムスピリッツと自然の素材だけで作るカクテルがミクソロジーカクテルである」

これはある某メーカーがPRのために使った文言であり、たしかに当時のミクソロジーカクテルはそういう側面が強かった。ただし、前述したように、本来ミクソロジーカクテルとは作り方に制限もなければ、使う器具も自由である。グラスはグラスである必要はなく、ときに陶器も使えば、ココナッツボールも使う。氷を器にするときもあれば、オブジェや花瓶をグラスとして使用するケースも多々ある。唯一あまり変わってないのはシェイカーとミキシンググラス、バースプーン、メジャーカップである。微妙なデザインの刷新はあっても、機能的な部分が目覚ましく変化したケースは少ない。

スタンダードカクテルとミクソロジーカクテルが決定的に違うところは「既存のレシピにとらわれない」ところにある。材料は自由に作り、自由に加えて、必要であれば真空調理機、遠心分離機、蒸留器もカクテルのために使う。あくまで手段として機材を使い、求める味のために素材を調理する。

「今ここにあるものを磨く」というのがスタンダードカクテルだとすると、「今ここにないものを作り、組み立てる」のがミクソロジーカクテルである。

第 2 章

カクテルの基本テクニックを考える

第2章　カクテルの基本テクニックを考える

「美味いカクテルとまずいカクテルの違いとは何か」。同じ材料、同じ配合で使っているのに、なぜ作り手によって味が変わるのだろう。多くのバーテンダーやカクテルラヴァーが抱いている長年の疑問である。分量、道具、そして技術で違いが出ることはわかる。では、技術は具体的に結果として味にどう影響するのだろう。美味いカクテルと不味いカクテルは、構造的に何が違うのか？これはクラシックかミクソロジーかに関係なく、カクテルの根本的なテーマであり、バーテンダーにとって解決すべき大きな課題だ。

一つ言えるのは、ステア、シェイクといった一つ一つの行為に対して、検証する視点をもつことの大切さ。たとえばステアであれば、液体の温度、氷から溶け出す水分量、液体同士がしっかりと混ざっているかどうか（それら要因による分子結合の違いがわかれば美味しさの理由が判明するのではないか？）。シェイクの場合は液体の温度、空気の含有量、氷から溶け出す水分量で違いが出ているはず（それぞれの条件を調べれば、どの状態がベストであるかがおおよそわかるかもしれない）。こうした視点をもって、まずは自分が美味しいと思うカクテルが作られた基礎条件を調べ、再現し、そこに連続性があるかどうかを検証する。そうすることで、理想的な味をいつでも再現できるようにしておく。さらに、条件が変わったときに温度、加水量がどう変わるかを把握しておくこと。そうすればいろいろな条件下でのカクテルメイクに役立つ。

本章では、カクテルメイキングの基本技術について、その意味と技法ポイントを考える。とくにステアとシェイクに関しては、私なりの検証・考察テーマを取り上げ、実際に行った実験結果に基づいてテクニック上の要点にアプローチしたい。

①ユキワシェイカー 500ml　②バーディシェイカー 500ml　③ユキワシェイカー 360ml　④ボストンシェイカー（ロングティン 850ml ／ショートティン 530ml）　⑤ステンレス製ミキシングカップ（バーディ）　⑥ミキシンググラス　⑦⑧メジャーカップ　⑨計量スプーン　⑩バースプーン　⑪ペストル　⑫スウィズルマドラー　⑬⑭ストレーナ（耳付き、耳なし）　⑮～⑱ファインストレーナー（目の粗さ、サイズ別）　⑲アイストング　⑳㉑ナイフ　㉒中華包丁　⑳すり鉢と金属製すりこぎ　㉔セラミック製おろし器　㉕マイクロプレーン（おろし器）　㉖シズラー（栓抜き）　㉗アイスピック　㉘皮むき器　㉙スタンプ

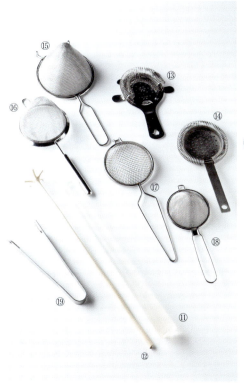

# 1. ステア

[ステアとは]
ミキシンググラスに氷と液体を一緒に入れて、バースプーンで混ぜながら液体を一体化させて作る技法。下記のようなカクテル向きである。
• 空気を含ませない
• 味わいがクリアでストレート
• アルコールの粘性を活かしたい
• アルコールを強く感じさせつつ、口当たりをスムースにしたい

カクテル例：
ステアに向く──マティーニ、マンハッタン、ネグローニ、オールドファッションドなど
ステアに向かない──炭酸系カクテル、クリーム系カクテル、果肉を入れるフルーツカクテル、卵の入るカクテルなど

[ステアのメソッド]
1. 材料をテイスティンググラスに入れてプレミックスし、味と香りを確認し、調整する。

2. ミキシンググラスに氷（かち割り氷）を適量（毎回同サイズ、同個数が理想）詰める。冬は常温の水、夏は冷蔵の水を注ぎ入れて氷に軽くなじませ、捨てる（＝リンス）。

※リンスの目的は氷についた埃などの不純物を洗うとともに、氷の表面に“水の膜”を作ること。冷水を注げば瞬時に凍結して氷が膜に覆われ、溶けにくくなる。ここで氷同士がくっついたらバースプーンでつついて離し、数回ステアしてバースプーンがきれいに回ることを確認する。

3. プレミックスしたカクテルを氷の上に1周分回しかけて、残りを氷の隙間から注ぎ入れる。アルコールが液体に触れると希釈熱が生じ、一般的に3℃温度が上がるため氷が溶けやすくなる。一周分だけ回しかけて表面を溶かし、氷からの加水がスタートするようにする。

※全量を氷を避けて注ぐと氷の表面は溶けずにほぼ固まったまま、つまり氷からの加水量が非常に少なくなり、カクテルとしてアルコールがきつく感じられてしまう。氷からの加水は一定量必要である。具体的にどうやって加水を

促すかはバーテンダーによって異なり、私は上記の方法をとるが、最初からある程度溶け始めている氷を使うほうが調整しやすいとする人、しっかりと固まっている状態で長くステアすることで味をまとめるという人もいる。

プレミックスしたカクテルをまず一周分回しかけ（左）、残りは氷と氷の隙間に注ぐ（右）。

4. 氷を"一つの塊"として扱うようなイメージで、最初は中速でステアリングする。けっして氷がガチャガチャ動かないようにすること。ここで氷が動きすぎると接触の摩擦熱が生じ、必要以上に溶ける原因になる。途中からステアリングのスピードを落として、最後はスローで数回ステア。ストレーナーで氷が動かないようおさえながらゆっくりとグラスに注ぐ。

※後半に速度をゆるめてゆっくりステアすることで、液体が粘性をある程度保った状態——甘みを感じるような、やわらかい口当たり——に仕上げることができる。手早くステアリングしてピタッと止める仕上げ方では、液体は混ざるが、加水量のコントロールはしにくい。

［メモ：アルコールの粘性について］
アルコールは水と違って「粘性」を持っている。それにどの程度加水して調整するかで口当たりが変わり、味わいの印象も変わってくる。

ここで酒の種類別の粘度の違いをみてみよう。
- ウイスキー（アルコール度 43％）：3 mPas*
- 日本酒（アルコール度 19 ～ 20％未満）：2.52 mPas
- ワイン（アルコール度 11％）：1.84 mPas
- ビール（アルコール度 4.5％）：1.67 mPas

*の「mPas」は「ミリパスカル秒」という粘性を表す単位。数字が大きいほど粘性が高い。ちなみに純水の20℃下での粘性は 1.002mPas。上記のアルコール度数の範囲内では、アルコールの強い酒のほうが粘性が高い、つまり口当たりがまろやかでやわらかいことが見て取れる。

ただし、アルコール度数が高ければ高いほど粘性が高いわけではなく、エタノール、メタノール、プロパノールは 40 ～ 60％がもっとも粘度が強く、その前後で下がっていくことがわかっている。エタノール水溶液（＝酒類）の場合は、45％付近が粘度の最高値で、水分量が増えてアルコール度数が下がるにしたがって液体は粘性を失ない、文字通り「水っぽく」なっていく。

また同じ度数でも温度によって粘性は変化する。たとえば絶対零度（0℃）以下では水の分子が凝固して流動性がなくなり、粘性が高まる。つまりレシピ通りの調合であっても、「氷からの加水＝最終的なアルコール濃度」と「温度」をいかにコントロールするかで、口に入れた時のまろやかさや味の印象は変わる。そこにステアの技術がある。

参考資料：エタノール水溶液の粘度（mPas）

| ℃ | 0wt% | 10wt% | 20wt% | 30wt% | 40wt% | 50wt% | 60wt% | 70wt% | 80wt% | 90wt% | 100wt% |
|---|---|---|---|---|---|---|---|---|---|---|---|
| 80 | 0.355 | 0.430 | 0.505 | 0.567 | 0.601 | 0.612 | 0.604 | | | | |
| 75 | 0.378 | 0.476 | 0.559 | 0.624 | 0.663 | 0.672 | 0.663 | 0.636 | 0.600 | 0.536 | 0.471 |
| 70 | 0.404 | 0.514 | 0.608 | 0.683 | 0.727 | 0.740 | 0.729 | 0.695 | 0.650 | 0.589 | 0.504 |
| 65 | 0.434 | 0.554 | 0.666 | 0.752 | 0.802 | 0.818 | 0.806 | 0.766 | 0.711 | 0.641 | 0.551 |
| 60 | 0.467 | 0.609 | 0.736 | 0.834 | 0.893 | 0.913 | 0.902 | 0.856 | 0.789 | 0.704 | 0.592 |
| 55 | 0.504 | 0.663 | 0.814 | 0.929 | 0.998 | 1.020 | 0.997 | 0.943 | 0.867 | 0.764 | 0.644 |
| 50 | 0.547 | 0.734 | 0.907 | 1.050 | 1.132 | 1.155 | 1.127 | 1.062 | 0.968 | 0.848 | 0.702 |
| 45 | 0.596 | 0.812 | 1.015 | 1.189 | 1.289 | 1.294 | 1.271 | 1.189 | 1.081 | 0.939 | 0.764 |
| 40 | 0.653 | 0.907 | 1.160 | 1.368 | 1.482 | 1.499 | 1.447 | 1.344 | 1.203 | 1.035 | 0.834 |
| 35 | 0.719 | 1.006 | 1.332 | 1.580 | 1.720 | 1.720 | 1.660 | 1.529 | 1.355 | 1.147 | 0.914 |
| 30 | 0.797 | 1.160 | 1.553 | 1.870 | 2.020 | 2.020 | 1.930 | 1.767 | 1.531 | 1.279 | 1.003 |
| 25 | 0.890 | 1.323 | 1.815 | 2.180 | 2.350 | 2.400 | 2.240 | 2.037 | 1.748 | 1.424 | 1.096 |
| 20 | 1.002 | 1.538 | 2.183 | 2.710 | 2.910 | 2.870 | 2.670 | 2.370 | 2.008 | 1.610 | 1.200 |
| 15 | 1.138 | 1.792 | 2.618 | 3.260 | 3.530 | 3.440 | 3.140 | 2.770 | 2.309 | 1.802 | 1.332 |
| 10 | 1.307 | 2.179 | 3.165 | 4.050 | 4.390 | 4.180 | 3.770 | 3.268 | 2.710 | 2.101 | 1.466 |
| 5 | 1.519 | 2.577 | 4.065 | 5.290 | 5.590 | 5.260 | 4.630 | 3.906 | 3.125 | 2.309 | 1.623 |
| 0 | 1.792 | 3.311 | 5.319 | 6.940 | 7.140 | 6.580 | 5.750 | 4.762 | 3.690 | 2.732 | 1.773 |
| -10 | | 9.310 | 12.700 | 12.900 | 11.200 | 9.060 | 6.990 | 4.970 | 3.710 | 2.220 | |
| -20 | | | 26.500 | 25.700 | 20.700 | 15.500 | 11.000 | 7.620 | 5.040 | 2.820 | |
| -30 | | | | 58.300 | 42.800 | 28.600 | 18.500 | 11.800 | 7.210 | 3.600 | |
| -40 | | | | | 58.300 | 33.600 | 19.000 | 10.500 | 4.710 | | |
| -50 | | | | | | | | | | | 6.440 |
| -60 | | | | | | | | | | | 8.500 |
| -70 | | | | | | | | | | | 11.780 |

一般社団法人アルコール協会「エタノールの物性値」http://www.alcohol.jp/sub4.html より引用。（出典：日本機械学会編「技術資料流体の熱物性値集」p.436,474（1983）。日本化学会編「化学便覧（改訂5版）基礎編」p.II-49(2012)。注：0℃以下は、アルコール専売事業特別会計研究開発調査委託費による「アルコールの冷媒・蓄冷剤への応用技術に関する研究開発」p.19,(2000)及び「物性研究会総括報告書」p.23,(2001)における測定結果と、Landolt-Boernstein より作成。純水の数値は、化学便覧による）

［ステアのポイント：検証と考察］
ステアの目的は、①冷却、②加水、③液体の一体化（分子結合）である。

人間にとって美味しく感じられる温度は、体温のプラスマイナス25〜30℃であると言われている。体温を36.5℃と仮定すると、クールカクテルは6.5〜11.5℃、ホットカクテル61.5〜66.5℃ということになる。クールカクテルを作る場合、「材料、道具、ステア」をそれぞれどんなコンディションにするのが最適なのだろうか。実際にマティーニを例にとり、材料温度とミキシングに使う容器（ガラス製／ステンレス）の条件を変えてステアで仕上げ、仕上がり時の温度と氷からの加水量を比較してみた。

【実験】マティーニ──材料温度と道具による、仕上がり温度と加水量の違い
レシピ：　ジン／タンカレー　NoTEN　55ml
　　　　　ノイリープラットドライ　5ml
　　　　　オレンジビターズ　1dash
　　　　　（総量　約60ml）

製作条件：かち割り氷（−20℃、約3.5cm角に面取り）×5個
　　　　　ミネラルウォーター（常温）で氷を1回リンス
　　　　　約60回ステア

実験結果：

|  | ステア前の温度 | ステア後の温度 | ステア後の総量 | 氷からの加水量 |
|---|---|---|---|---|
| ①全材料常温 | G：19.2℃<br>S：18.6℃ | 1.6℃<br>0.5℃ | 79.7ml<br>73.6ml | 19.7ml<br>13.6ml |
| ②全材料冷蔵 | G：6.2℃<br>S：6.3℃ | −0.3℃<br>−1.3℃ | 74.0ml<br>67.4ml | 14ml<br>7.4ml |
| ③ジン冷凍<br>ベルモット冷蔵 | G：−8.4℃<br>S：−10.9℃ | −2.8℃<br>−5.3℃ | 65.8ml<br>61.9ml | 5.8ml<br>1.9ml |

※ G＝ガラス製ミキシンググラス、S＝ステンレス製ミキシングカップ（バーディを使用）
※冷蔵庫設定は2℃、冷凍庫設定は−25℃、室内19℃の場合

印象メモ：
• ① G　加水量多く、温度も高め。香りが高いものにはよいかも。
• ① S／② G　加水量はちょうどよい。温度はもっと低いほうがよい。
• ② S　温度は快適だが加水量が足りない。もっとステアを？
• ③ G　加水量が足りない。ステア回数をもっと増やしたい。
• ③ S　温度が低く、重く感じる。加水量はまったく足りない。

■考察

温度に関する条件は①〜③の3パターン、それぞれミキシング容器に2パターンあり、最終的なカクテル温度に約7℃の違いが出る。氷からの加水量に関しては約17mlの差。これだけ違うと歴然である。

まず氷からの加水量を見てみよう。日本のバーの多くはジンを冷凍しており、マティーニにも冷凍したジンを使う。ケース③にあてはまるわけだが、ステンレス製ミキシングカップで作った場合はたった1.9mlしか加水されない。これだとほとんど"ジンとベルモットそのもの"で、加水によるなめらかな味は出ず、飲み口は重く、まずアルコール感を一番に感じる。

加水量は①／ガラス製が19.7mlともっとも多い。多すぎるようにも思えるが実際は香りもたち、飲みやすい。次いで①／ステンレス製、②／ガラス製が双方14ml前後で、個人的にはこのあたりの味が最適と感じられた。加水量が10mlを切るとアルコールが強く感じられてしまう。

次はステア後の温度。1.6℃（①／ガラス製）から−5.3℃（③／ステンレス製）と、最大で6.9℃の違いがある。いずれをとっても「冷えている」と感じられる温度範囲だが、飲み比べると−2.8℃（③／ガラス製）あたりから口当たりを重く感じ始める。温度が低いと粘性が強くなり、重く感じ、逆に温度が高くなると香りは立ちやすくなるが、そのぶん水っぽくなる。口当たり、冷えの感覚のバランスをとると、−0.3〜−1.5℃あたりがよいと考える。

■総括——理想的なマティーニを作るための条件整理
• ジン、ベルモットは両方冷蔵、またはジン常温・ベルモット冷蔵でも可能。
• 氷は−20℃以上の冷凍庫で保存したもの約5個（〜7個）を使用。
• リンスは、材料が常温なら冷水で、冷凍材料が含まれる場合は常温水で。
• ステアはガラス製なら約60回程度、ステンレス製なら100回程度。
• 氷からの加水量は14ml前後を目指す。
• 温度は−1℃前後を目安とする。

道具に関して。ステンレス製ミキシングカップを使うメリットはよく冷えて、氷を溶かさないことに尽きる。氷からの加水をせず液体そのものを冷やすことに向いている。もし、材料を常温からスタートするなら、ステンレス製が上記の理想に近づけやすい。ただしその場合は加水量が少ないので、通常60回のところ80〜100回を目安でステアすることをお勧めする。

ガラス製の場合は60回でよいが、できるだけミキシンググラスも冷やしてか

らステアするとよい。もちろん、つねに決まった道具とメソッドに基づいて作ることが一番だが、通常と異なる条件でカクテルを作るケースは起こりうる。その場合、上記の表を参考にしていただきたい。

■参考
以上の考察は、ミクソロジーグループのクラシックカクテル総括責任者、伊藤学の作るマティーニ（スペシャルバージョン）を基点とした。「飲みやすく」「アルコールの角を感じない」「香りが開いた」マティーニで、ひとつの理想の味だと思っている。目指すべきものとしてまず計測し、その数値（仕上がり温度−1℃前後、加水量13ml前後）に近づけるにはどうしたらよいかという視点で、検証していった。

参考：伊藤学スペシャルマティーニの計測値

| | ステア前の温度 | ステア後の温度 | ステア後の総量 | 氷からの加水量 |
|---|---|---|---|---|
| 常温ブレンドジン<br>冷蔵ブレンドベルモット　氷7個、<br>ステア約60回 | G：19.9℃ | −1.4℃ | 72.8ml | 12.8ml |

※レシピ：'00年代ゴードン 45ml、'50年代ゴードン 5ml、'30年代ゴードンオレンジジン 2drops、
　'80年代と現行ノイリープラットのブレンド 10ml

## 2. シェイク

［シェイクとは］
シェイカーに液体と氷を入れて、シェイクする（揺り動かす）ことで材料を攪拌し、空気を含ませながら調合する技法。乳製品やピュレなどの混ざりづらいカクテルをしっかりと混ぜることができる。アルコールが強いカクテルは空気を含ませることで味をまろやかに仕上げられる。

カクテル例：
シェイクに向く──フルーツカクテル、サワーカクテル、卵を使うカクテル、チョコレート系など粘性の強いカクテル、アルコールが強くサワー系のカクテルなど
シェイクに向かない──炭酸が入るカクテル

ここでは「シェイクはこうあらねばならない」的なマニュアルは規定しない。シェイクの方法は100人いれば100通りある。シェイクの基本はスリーピースシェイカーを使った2段振りだ。スリーピースシェイカーを使う際は、そこから捻りを加えたり、手首のスナップを加えたりして、より複雑にシェイカーの中で氷を動かすことにより、液体中にマイクロバブルスと呼ばれるミクロの気泡を含ませる。こうすることで、カクテルの口当たりがなめらかになると同時に、液面に泡立ちが生じてテクスチャーが生まれる。

［泡立ちを重視するケース］
サワー系、クリーム系のカクテルをシェイクする際は、必ずその前にフローサーまたはハンドミキサーで攪拌する。サワー系カクテルの場合は泡立ちに如実に差ができるので、必ず行なう。

フローサー（左）とハンドミキサー（右）

泡立ちをよくするための方法には、いろいろなものがある。
- シェイクする前に氷を入れずにシェイクする＝エアシェイク
- エアシェイクの際、シェイカーにストレーナーのバネを入れる（干渉を増やして泡立ちをよりよくするため）
- エアシェイクの替わりに、ハンドミキサーで攪拌する
- シェイク後に、液体のみ別のシェイカーに入れて再度シェイクする

私自身は基本的に、ハンドミキサーを使っての攪拌がもっとも簡単で、泡立ちもきれいに仕上がると思う。

【実験】シェイク方法による泡立ち比較
実際にサワーカクテルを以下の3つの方法で作って比較してみた。
① エアシェイク→氷を入れてシェイク
② バネを入れてシェイク→氷を入れてシェイク
③ ハンドブレンダーで攪拌→氷を入れてシェイク

泡立ちの具合（量の多さ、きめこまやかさ）は①＜②＜③となった。

［シェイクのポイント：検証と考察］
「ボストンシェイカーはスリーピースシェイカーより氷からの加水量が多く、水っぽくなりやすい」という定説がある。果たしてそうなのだろうか。

シェイカーの種類によって仕上がりは実際にどう変わるのか。また氷の種類による仕上がりの差はあるのか。これを、検証してみた。シェイカーは2ピース（ボストンシェイカー）と3ピース（バーディシェイカーとユキワシェイカー）で比較、氷はかち割り氷と製氷機のキューブアイスで比較する。

a メタルボストンシェイカー（850ml ティンと 530ml ティン）
b バーディシェイカー（500ml）
c ユキワシェイカー B サイズ（360ml）

【実験】ダイキリ——氷の条件とシェイカーによる仕上がり温度と加水量の違い

レシピ：　バカルディスペリオール（冷凍）45ml
　　　　　ライムジュース（冷蔵）15ml
　　　　　シュガーシロップ（常温）10ml

製作条件：シェイク前の液体温度1.4 〜 2.0℃（若干誤差あり）
　　　　　かち割り氷は約 3.5cm 角に面取りしたものを使用。
　　　　　シェイク回数は約 35 回。

実験結果：

| [かち割り氷／6個220g]<br>※③のみ5個180g | シェイク後温度 | シェイク後総量 | 氷からの加水量 |
|---|---|---|---|
| ①メタルボストンシェイカー（850ml／530ml） | −7.8℃ | 63.4ml | 3.4ml |
| ②バーディシェイカー（500ml） | −6.0℃ | 70.3ml | 10.3ml |
| ③ユキワシェイカー B サイズ（360ml） | −5.2℃ | 76.0ml | 16ml |

| [製氷機の氷／230g]<br>※⑥のみ151g | シェイク後温度 | シェイク後総量 | 氷からの加水量 | かち割りとの加水量差 |
|---|---|---|---|---|
| ④メタルボストンシェイカー（850ml／530ml） | −0.8℃ | 95.3ml | 35.3ml | ＋31.9ml |
| ⑤バーディシェイカー（500ml） | −0.7℃ | 95.9ml | 35.9ml | ＋25.6ml |
| ⑥ユキワシェイカー B サイズ（360ml） | −0.4℃ | 95.8ml | 34.8ml | ＋18.8ml |

印象メモ：
- ①と②はシェイク後、ショートティン内に約5ml前後液体が残っている場合が多かった。
- 氷が一番砕けたのは①。ついで④、②と続く。ただし、砕けることと加水されることはイコールではない。

かち割り氷（左）と製氷機のキューブアイス（右）

■結果と考察

まずかち割りの場合。海外では、基本的にかち割り氷を使ってシェイクはしない。シェイク回数も多いので、間に合わないためキューブアイスを使うケースがほとんどだ。しかし日本では製氷機のキューブアイスでは水っぽくなるからかち割り氷で、とすることがもっぱらで、今回の数値はまさにその通りと示している。氷からの加水量（＝氷の溶けやすさ）の差は歴然だ。

とくに、ボストンシェイカーでかち割り氷を使うと（①）、加水量がものすごく少ない（＝氷が溶けていない）。自分でも間違えたかと思って何度か試したが、結果は同じでたった3.4mlだった。そして温度も一番低い。ユキワシェイカーBサイズが氷の量は一番少ないのに加水量が多い（③）のは、おそらく手が一番シェイカーに触れる面積がもっとも大きく、手の温度で放熱されるからだろう。このシェイカーを使う場合は極力手のひらを付けずに、指のみでシェイカーを支える必要がある。

製氷機のキューブアイスの場合は逆に、シェイカーの種類による氷からの加水量の変化はほとんど見られなかった。ただし加水の量自体は、おおむね35ml前後と、相当多く溶けていることになる。かち割り氷を使う場合との差を見てほしい。温度は、おしなべて−1℃前後で、これもかち割り氷との差は歴然としている。

味わってみてどうか。①〜③は温度はキリッと冷えていてよいが、①と②は加水量がまったく足りず、アルコールが重く感じられる。③でもまだ足りず、アルコール感から喉にひっかかりを感じる。④〜⑥を比べると、味わいとしては⑤が美味しかったが、ただし、もう少し温度が低いほうがよい。

■総括 1
氷は溶けないように、溶けないようにと昔から教わってきたが、必ずしもそうでもないことがわかる。
- アルコール含有量が多いクラシックカクテルは、ある程度加水量が必要である。
- しかし、製氷機の氷だと 30ml 以上という加水量は多すぎて、水っぽく感じる。
- 一方、かち割り氷は氷が溶けにくく、加水量が足りなくなりやすい。シェイカーのサイズやシェイクの回数で調整するとよい。
- 結論として、ユキワ B サイズを「少し長めに 40 〜 45 回シェイク」で作るのが適している。「バーディーシェイカー／かち割り氷」の場合は、ユキワ B のさらに 1.5 倍長くシェイクするほうがよい。

■総括 2
製氷機の氷を使うと加水量が多くなる。つまり、製氷機の氷使用が前提であるなら、酸味と甘みをしっかり入れないと水っぽく感じてしまう。海外で材料総量 80ml や 100ml のダイキリを作るケースがあるが、それは意外と理にかなっていて、総量に対する氷からの加水比率は下がることになる。
- シェイク前の総量が 80ml 以上あり、加えて「飲みやすいカクテル」を作りたい場合は、製氷機の氷を使ってシェイクすると、美味しく仕上がる。その際、シェイカーによる加水量の差はほとんどない。

■補足
さらにいろいろと条件を変えて作ってみた。「酸味を使ったカクテルで、仕上がり温度を −6℃前後」を想定した場合、甘味よりも酸味をきかせてキリッとした印象を際立てるほうが美味しく感じる。シロップを減らして 5ml で調整して作ると、酸味が効いてより美味しくなる。（とすると結局、「45、15、1tsp.」というダイキリの基本レシピに戻る。不思議なものだ）。これをかち割り氷で作るとすると、ボストンシェイカーでは加水量がまったく足りず、バーディーシェイカーでも足りない。ユキワ B がもっとも美味しく仕上がった。

## 3. スローイング

[スローイングとは]
調合した液体を、両手に持ったティンからティンへ高低差をつけて注ぎ移すことで、空気を含ませながら仕上げていくカクテルメイキングの技法。スペインのバーテンダーから生まれた（シェリーのベネンシアドールからの影響か）と言われるが、1800年代にジェリー・トーマスが考案したブルーブレイザーが一番最初のスローイングを使ったカクテルと言えるだろう。

カクテル例：スペインの一部のバーでは、ショートカクテルをほとんどスローイングで作る地域もあるという。通常ステアで作るカクテルの中に、スローイングに変えると面白いものがある。マンハッタン、マティーニ、ネグローニ、サイドカーなど。またミルク系、ビアフリップ、ブラッディメアリーをスローイングで作るとテクスチャーがかなり変わるので、お勧めだ。

[スローイングの目的とポイント]
この動作は、中東やアジアでチャイをカップに注ぐ前に行なうものと酷似している。実際ミルクティをこうやって作ると空気が一杯に液体に入り、口当たりがとてもやわらかくなる。とくに糖分が多めで、濃度が濃い液体の場合はスローイングによってその濃さがやわらぎ、口当たりがシルキーになる。

スローする（＝空気中に投げ出す）ことで液体は空気に目いっぱい触れ、ティンに着地する地の時の泡立ちで空気を含む。それによって口当たりを変える――たんに飲みやすくするという以上に、重いものを軽く、滑らかに、新しいテクスチャーを生み出すことが、この技法の目的である。そのために大切なのは、泡立ちとティンに落ちた後の対流である。できるだけ高低差をつけて落とし、下で待ち構えるティンの「手前の底」めがけて入れると、うまく対流して、よく混ざりつつ空気も含まれる。

# 4．ビルド

［ビルドとは］
グラスに直接液体を入れてカクテルを作る方法。材料が2〜3種のカクテル、炭酸類が入るカクテルが多い。非常に単純だが、混ぜる順番、バースプーンで混ぜる際の混ぜ方で大きく変わる。日本ではよく「初めて行くバーは、ジントニックを飲めばその技量がわかる」と言われる。簡単な技法にこそ、多くのこだわりと注意点があるからだ。

カクテル事例：ハイボール、ジントニック、ジンリッキー、アメリカーノ、モスコミュールなど

［ビルドのポイント］
ここでは炭酸系ロングドリンクのビルドについて説明する。よく上げられるビルドの技術の簡単なポイントは下記の3つだ。
1．氷に液体を当てないで注ぐ
2．炭酸類は注ぐ勢いを利用して対流で混ぜる
3．炭酸は飛ばしすぎないように軽く混ぜる
……これらは基本的に「注意」して行えば可能なことであり、技術ではない。ではビルドの技術とは何か？　大前提にあるのは「液体の注ぎ方、混ぜ方によって味わいが変わる」ということ。それを理解し、目指す味わいのためにベストな方法を選び、使いこなすことにある。

■バースプーンの使い方——ガス圧と酸味のコントロール
ジントニックやハイボールは"できるだけ混ぜないで炭酸を残して作るのがよい"とされている。が、本当に大切なのは「混ぜ方のディテール」である。

炭酸のカクテルは、炭酸のガス圧と酸味のコントロールによって味わいが変わる。炭酸は弱酸を含んでいるため、カクテルに炭酸独特の酸味が加わり、そしてガスによる爽快感が得られる。ビルドの仕方でそのガスを抜いたり、残したりすることで口当たりをコントロールする。ビールの注ぎ方にも泡なしの注ぎ方、一度注ぎ、二度注ぎ…といった技術があるが、それらもガス圧のコントロールによってビールの味わいを変えるという技術だ。ビルドの炭酸の抜き方、混

ぜ方も似たところがある。

そのカギは、バースプーンの使い方にある。バースプーンでの混ぜ方にもいろいろなやり方がある。
1．バースプーンを軽く1回転して対流のみで混ぜる（炭酸を極力残して仕上げたい場合）
2．バースプーンでグラス下部を叩いて上部に上げる→グラスの中間あたりの位置で勢いよく回転させ、対流を起こす（ハイボールなど、酸を少し抜きながら甘みを立たせたい場合）
3．バースプーンを上下に粗く動かして、あえて炭酸を飛ばしながら混ぜる（酸を飛ばしながら甘みを押し出して、全体を調和させる）。
4．バースプーンを使って氷を上下に動かし、反動で混ぜる（比重の重いものを混ぜるとき）

炭酸は鋭角な酸味を微量に持っている。バースプーンでしっかりと対流を生みながら混ぜると、炭酸感を残しながら、この酸を抜くことができる。たとえばハイボールで、ウイスキーの甘みを引き立たせたい場合に有効だ。しっかりとかき混ぜて酸を抜くことで、ウイスキーの味わいをしっかりと感じさせる仕上がりになる。ジントニックなら、ライムをしっかり入れてガチャガチャ荒く混ぜても酸が抑えられる。ただし荒すぎると炭酸感もすべて飛んでしまうので、いかに絶妙なポイントで炭酸感を残しながら酸を抜くか、がビルドの技術の深いところである。

■氷の組み方
氷の組み方によっても味が変わる。大きい氷1個で作る場合はベースの酒の味わいがストレートに感じられ、複数の小さめ氷で作る場合は炭酸の爽快感を強く感じる。同じ体積を占めると仮定した場合「大きな氷×少ない個数」のほうが炭酸に対しての干渉が少なく、ガスのはじけ方が小さいからだ（→ p.105「ジントニック」参照）。炭酸をどのように表現したいかによって、氷を何個、どの状態で使うかのチョイスが変わり、バースプーンの使い方もおのずと変わってくる。

■総括
ビルドのカクテルを作るときに考慮すべき点は下記の3つになる。
①そのカクテルの味わいをどのように感じさせたいか。
②氷をどの種類で、どのサイズを何個使うか。
③炭酸を飛ばすか、飛ばさないか。果汁は入るか、入らないか。

# 5. ブレンダー／フローズンカクテル

[ブレンダーで作るカクテルとは]
1950年にブレンダー（ミキサー）が登場して、ダイキリなどのフローズンカクテルが生まれ、ブレンダーがカクテルメイキングの一技法になった。液体を氷とともにブレンダーマシンにかけ、シャーベット状のフローズンカクテルにする。現在はフローズンの手前のスムージーくらいの状態で仕上げることも多い。

ポイントは以下の通り。
- 液体量、氷の量と種類、ブレンダーの出力が重要である。
- 果物を使うと、果肉が液化しつつ全体はとろみがでる。
- 氷はクラッシュドアイスを使うのが一般的だが、貫目氷を包丁で削った時にできる細かい氷を取っておいてフローズンカクテルに使うと、なめらかで砕き残しのないよい状態に仕上がる。

[ブレンダー]
ブレンダー自体の用途は、フローズンカクテル以外にも多岐にわたる。かつてはハミルトンのバーブレンダーが主流だったが、近年はハンドブレンダーの使用が増えた。ジューシーな野菜や果物をブレンダーで撹拌させてそのまま使うことで、より素材感のあるカクテルにすることもある。チョコレートの乳化もハンドブレンダーで撹拌すると早く乳化できるる。

ハンドブレンダーにはいくつかの製品があるが、Barmix社のものはパワーが強く、ヘッドが小さくてショートティンに入るので使いやすい。パワーは若干落ちるがコードレスタイプは場所を選ばず、使いやすい。

第 2 章　カクテルの基本テクニックを考える

# 第3章

## ミクソロジーのメソッド——材料、技法、器具

第3章 │ ミクソロジーのメソッド —— 材料、技法、器具

ミクソロジーは「新テクノロジーを使いこなしたカクテル」とみられることが多い。しかし最新マシンを使用していたとしても、それはあくまで「よりピュアでクリアな味わいのカクテル」「素材のフレッシュ感の生きたカクテル」「新しい印象やストーリーのあるカクテル」を生みだすためであり、それ自体が目的ではない。この章では、ミクソロジー的視点に基づいたカクテルの材料やテクニックについて解説する。ミクソロジーを支える基本技法とは何か、カクテルの幅を広げる材料（お酒以外）やテクノロジーにどんなものがあるか。その実例とメソッドを紹介しよう。

# 1. グラス

[グラス形状による味わいの違い]
カクテルに使うグラスは「形状」と「目的」で選ぶ。
よくグラスで味が変わると言う。本当に、味は変わる。猪口とぐい呑みでも変わるし、クープグラスとマティーニグラスでも大きく違う。ガラスの厚みによって味わいが変わるのはもちろんだが、たとえ同じ厚さでも、口に触れる部分の形状によって味わいは変わる。なぜ変わるのか。
グラスの縁のフォルムによって唇と舌の位置関係が決まり、それによって液体が口の中に流れ込む「速さ」が変わる。その速さ、流れ込み方が、味わいと密接に関係するのである。

写真を見ていただきたい。左のグラスは口径がボディよりもすぼまっている（＝ブルゴーニュ型）。右のグラスは口径に向けて縁が反っている（＝チューリップ型）。二つのグラスに口をつけてみると、唇と舌の位置関係が異なることに気づくはずだ。いろいろなグラスで確認してみよう。

• ブルゴーニュ型を口につけると、舌は先端が下歯茎の内側に着き、舌全面で液体を受け入れるようなポジションになる。液体はゆっくりと舌にのるように流れてくる。このタイプは甘みを強めに感じる。

• チューリップ型を口につけると、グラスの縁が唇の丸みにぴったりとフィットして乗り、唇を押し下げる格好になって、舌は上がった状態になる。液体は、舌の下方を通って両端に流れていく。このタイプは酸味、果実味、渋みをより感じる。

• 一般的なマティーニグラスは、口に液体が入ってくるときにグラスの縁と舌

第3章 | ミクソロジーのメソッド──材料、技法、器具

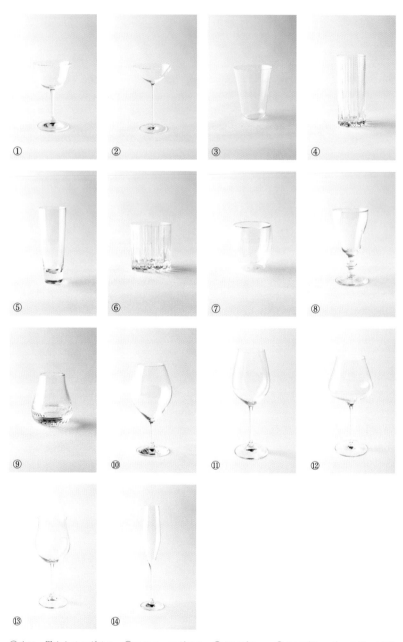

①サワー用カクテルグラス ②マティーニグラス ③タンブラー ④タンブラー（ハイボール用）
⑤ロングタンブラー ⑥ロックグラス ⑦ダブルウォールグラス ⑧アイリッシュコーヒーグラス
⑨ストレートグラス ⑩コニャックグラス ⑪ワイングラス（ボルドータイプ） ⑫ワイングラス（ブルゴーニュタイプ） ⑬ワイングラス（チューリップ型） ⑭フルートグラス

が平行に近い角度になり、液体が舌の先端でいったん止まるくらいゆっくりになる。舌の先端で受け止めるようにして液体が少しずつ入り、両端に流れていく。そのため甘みも感じるが苦みも感じやすくなる。このグラスで量を多く飲もうとすると、舌は避けるように少し上がって液体がその下を流れる。もし舌が上がらないと一気に喉の奥に流れ込み、その強いアルコール感から十中八九むせてしまうだろう。マティーニのような強いカクテルをゆっくり味わわせるという点で、このグラスはとても理にかなった形状と言える。

- クープグラスのように縁が丸みを帯びている形状だと、液体が口の手前で止まり、舌先が液体を吸い込むように動いて、舌が若干上部に動き、舌の真ん中を通って液体が奥に入っていく。よってもっとも甘みを感じやすい。液体は舌の上をゆっくりと流れ、じわーっと広がっていくほうが旨みや甘みを感じやすい。

- グラスの角度が急こう配のもの、たとえばフルートグラスやストレート型のコリンズグラスは、液体が口の中に真っすぐ入ってきて、舌の中間ほどに着地、そのまま喉奥に流れていく。喉ごしよく感じるため、炭酸類に適している。

［どのグラスを選ぶか］
このように舌の動きと流入角度、その後の液体の流れを加味していくと、どのグラスが、どのカクテルに適しているかわかる。簡単にまとめると以下のようになる。

①チューリップ型のように口径が外側に反っているカクテルグラスは酸味系のカクテルに向く。
②マティーニ、マンハッタンなどアルコール強めのカクテルは、甘みを強く出したい場合は丸みをおびたカクテルグラスを、バランスよく味わせたい場合はマティーニグラスを使う。
③ニートグラス（ストレートなロックタイプ）、ブルゴーニュグラスは飲むときに舌が正面にきて、舌の先端にほど近いところから中央へ液体が通るので、甘みを感じさせたいカクテル用に使う。
④タンブラー、ストレート型のコリンズグラス、フルートグラスは、飲むときに角度によって勢いよく液体が流れ込んでくるので、喉ごしを感じるカクテル用に使う。

大事なことは「○○○カクテルは○○○グラス」と決めつけないことだ。作ったカクテルをまず一つのグラスで試しに飲んでみて、あと二つくらいの種類のグラスに注ぎ分けて飲み比べて決めるとよい。酸味のあるカクテルを、あえて

丸みのあるカクテルグラスに注ぎ、含まれる酸味を控えめにしつつ、甘みを感じさせるようにするのもいい。口が外に広がっている酸味向けのカクテルグラスに、甘みのあるカクテルを入れ、その中にあるかすかな酸味を感じさせる、というのも一つの方法だ。

ちなみに、一般に知られる「舌の味覚地図」なるものは1901年にドイツの医師によって提唱されたが、現在では間違いだったとされているそうだ。舌上には1万個程度の味蕾があり、舌のどの部分でも五味は感じることができる。どの味蕾にも五味に対応する味細胞が五種存在していることがわかっているが、口のどの部分が強く作用するか、といった特徴はまだわかっていないという。とはいえ、たしかに苦みは舌の奥で感じる気がするし、両端でタンニンや渋みを感じる。舌の先端が痺れると他の味がわかりづらくなる。
まずは自分の感覚を元に、検証して、どのグラスが一番求めている味を表現しているかで選ぶのが一番よいと思う。

ミクソロジーカクテルに使用する個性的なグラス、カップ類の例。一つ一つのカクテルのストーリーに合わせ、面白いデザイン、自然素材、アンティーク、本来グラスでないもの…等々、プレゼンテーションにアイデアを凝らす。

## 2. 氷

日本のバーでは氷は「純氷」を使う。濾過した原水を、エアポンプを設置したアイスボックス（氷を作る箱）に入れて、エアポンプの空気で攪拌しながら−8〜−10℃で72時間かけてじっくりと凍らせていくと、空気や不純物の含有量の少ない、大きな結晶の氷ができる。これが「溶けにくい氷」だ。

純氷を使えない場合は、水道水を沸かしてカルキと空気を抜いてから凍らせれば、比較的透明な氷ができる。このとき、（冷凍庫および氷の容器のサイズが大きければだが）エアポンプを容器に仕込むことができればベストである。

［氷の役割］
氷の役割は大きく3つある。
①冷やす
②加水する
③味を加える

②の「加水する」とは「氷が溶ける＝カクテルに水が加わる」という意味。第2章で触れているように、加水量がカクテルに与える影響は非常に大きい（p.22〜28参照）。

［氷の表面を削る意味］
氷の表面を削るのは見た目がいいからだけではなく、氷の状態が液体の混ざり方の速さや質に影響するからだと考えられている。たとえば、大きくへこんだボウルに生クリーム入れてホイッパーで攪拌するのと、きれいなボウルで攪拌するのとでは仕上がるホイップクリームに違いはないだろうか？　ごつごつした氷でガチャガチャ音をたてながらステアすることは、凹んだボウルで攪拌することに近い。できるだけ氷の断面は滑らかに仕上げていたほうが、味わいがきれいになる。

［氷の大きさ］
カクテルの狙いに応じて、氷の大きさや形を変える。同じ体積でも、氷の表面積が増えればそれだけ加水度や冷却度が高まるのはもちろんのこと、氷の形によって味わい自体も変わる。きれいに面取りしている氷は液体に対して「干渉する箇所」が少ないので、炭酸はより炭酸感を強く、そしてフレーバーをストレートに感じる（氷と炭酸関係については p.104「ジントニック」参照）。

第3章 | ミクソロジーのメソッド——材料、技法、器具

①半分にカットした貫目氷　②ロックアイス　③ブリリアントアイス（八面体）　④ボールアイス　⑤かち割り氷（約3.5cm角に面取りしたもの）　⑥キューブアイス（製氷機で作った氷）　⑦クラッシュドアイス　⑧シェーブドアイス　⑨フラワーカットアイス　⑩フラワーアイス　⑪フレーバードアイス

［氷の弾力──割れやすい氷、割れにくい氷］

氷の弾力は水によって生まれる。弾力のある氷は割れにくく、弾力のない氷は割れやすい。キューブアイスは溶けるのが早いので、弾力があり、比較的崩れにくい。一番弾力がなく、もろいのは「－ 20℃前後の霜をまとっている氷」である。この氷は表面に水分がほとんどないので、強めにシェイクすると半分以上もろく削れてしまう。かち割り氷でシェイクする場合は一度水で洗うか、事前に少し前にストッカーから出しておく。表面が少し濡れた状態がもっとも固い。

［フレーバードアイスの可能性］

フレーバードアイスとはココナッツミルク、コーヒーなど何らかの味をもった液体で作る氷のこと。手間もかかるし、なくなるとその場で作れないというデメリットはあるが、味わいの変化、キープという意味でおおいに使える。

フレーバードアイスが溶けてくると、カクテルの味が変わっていくので、味わいがマーブル状になり、飲む箇所で味が変わる。溶けるスピード、味わいの変化を実験してフレーバードアイスを作り、カクテルに使っていくといい。ブラックルシアンにココナッツミルクのボールアイスにしたり、ジンフィズのようなカクテルにトマトウォーターで作った氷を使ったりと最初と途中で味わい変化させることができる。1 杯のカクテルに使う氷のすべてではなく、3 個中 1 個といった使い方でもいいと思う。

## 3. カクテルに個性を与える材料

### 1）塩

[カクテルに使用するおもな塩]
- フルールドセル（フランス・ゲランド産の大粒の天日塩）：結晶が大きく、旨みがあり、塩気が強すぎない。スタンダードに使用するもの。
- 藻塩：塩分濃度が低く、うま味が強い。アミノ酸を感じるカクテルの旨みのエッジを出したい場合に使用。
- 各種フレーバーソルト：カクテルのアクセントやサブフレーバーとして使用。（うま味塩、タマリンドソルト、トリュフ塩、ベルガモット塩、カシスソルト、スモークソルトなど）。

[塩の使い方]
カクテルに塩を使うことは、ソルティードッグやマルガリータの例を挙げるまでもなく昔からあるが、よりデリケートな使いこなしによってさらに幅広く、また微妙なアクセントをカクテルに与えることができる。

①グラスのリムにつける（＝リムド）
グラスのリム（縁）をレモン果肉で湿らせ、塩粒をつける。口にカクテルが入るとほぼ同時に塩気を感じさせたい場合にこの方法をとる。グラスの形状にもよるが、粒は大きすぎず、小さすぎないほうがいい。また、粒の個数を考えてつけること。塩が効きすぎた料理は塩辛くて食べられないのと同じで、リムにつけすぎた塩はカクテルを台無しにする。

②少量をカクテルに溶け込ませる
塩分は味の輪郭をはっきりさせてくれる。塩気を加えるというよりはミネラル感を加えたり、味に鋭角さを付けたい場合に使う。また、冷却スピードも上がる。

③表面にふりかける
塩気を感じる箇所を限定的またはあえて液面の流れに任せる。飲んでいくうちにふっと塩気を感じてアクセントになるようにする。

④泡状にして浮かせる
エスプーマで塩水を泡のフォームにしてカクテルの表面に浮かせて使う。直接塩が口に入る場合と比べ、フォーム状の泡のテクスチャーが塩味をやさしく感じさせる。また、レシチンと塩水を混ぜて、エアポンプでバブル状の泡を作る方法もある（ソルトエア）。エアは大きめの泡状なので口の中ですぐに弾けてなくなる。ごく少量の塩気を感じさせる場合に使う。味というより塩の「香り」を感じさせるニュアンス。

ソルトエスプーマの作り方
塩6g、ミネラルウォーター300ml、ゼラチン3.3gを混ぜて、エスプーマサイフォン（p.86）に入れ、ガス（$CO_2$または$N_2O$）を注入し、よくふってガスとなじませる。約24時間冷蔵庫で冷やし、使用直前によく上下にふってから使う。

ソルトエアの作り方
塩8g、ミネラルウォーター300ml、レシチン（パウダー）2gを容器に入れてよく混ぜてエアポンプで空気を送り込んで泡立てる。レシチンは顆粒を使うと溶けづらいので、パウダーを使うとよい。

## 2）甘味料

[カクテルに使用するおもな甘味料]
■砂糖
グラニュー糖、和三盆糖、パウダーシュガー（粉糖）、モスコバド糖（非精製のきび糖、顆粒とシロップがある）
■シロップ、ハニー類
シンプルシロップ（水と砂糖1：1）、黒蜜、メイプルシロップ、アガベハニー、フレーバーシロップ、各種はちみつ
■コーディアル（ハーブや花、果物などをシロップに漬けた濃縮飲料）各種

[甘みづかいのポイント]
糖の種類の代表的なものはショ糖（砂糖）、ブドウ糖、果糖。果糖は糖のなかでももっとも甘く、冷やすことで甘みを強く感じるが、後を引かない。ショ糖は冷やすと甘さが抑えられる。カクテルに使うシロップ類はだいたいがショ糖である。ただし、アガベネクターは果糖が主成分で、ほんの少量だけブドウ糖が混じっているため、甘みが後を引かないようにしたい場合に使う。

甘みを加えると、味わいにボリュームが出る。あるいは味が丸みを帯びる。よってカクテルに加えるのは、酸味⇒甘み、という順序がよい。"酸を加えて味に鋭角さが出たところを甘みで包む"イメージだ。

カクテルにはリキュール、シロップ、ベルモットなど糖を含んでいるものを多く使う。そのため甘みを総量でとらえることが大切だ。シロップ類、ジュース

類の糖度を知るには、屈折計を使用するとよい。糖度の数値がひと目でわかり、甘みコントロールの目安になる。ただしアルコール単体や、カクテルそのものは屈折計では測れない（アルコール自体が屈折するので、正確な数値は出てこない）。

［シロップについて］
カクテルにおいては、砂糖を直接使うよりもシロップを使う場面が圧倒的に多い。

■シロップを自家製する場合の留意点
砂糖を体積で測ると計測を見誤る。グラニュー糖と水は同じ密度ではない。グラニュー糖の密度は1mlあたり0.84g。水と砂糖を1：1で合わせる場合、500mlの水に対して420gのグラニュー糖を加える。これを屈折計で図るとBrix値が50（つまり、1：1）になる。

■シロップの選び方
はちみつ、メイプルシロップ、フレーバーシロップは甘味料であるとともにフレーバーとしての役割要素が強いので、メイン材料との相性で選ぶ。シンプルなカクテルならメインフレーバーに（たとえばバニラシロップで作るバニラダイキリなど）、他にメインフレーバーがある場合はサブとしての役割で選ぶ。なお、ハチミツは単体だと扱いづらいので水でのばして「ハニーシロップ」にして使っている。メイプルシロップはそのまま使用。

■シロップのバリエーション
コーディアル

言葉の意味は「身体のためのもの」で、各種ハーブ、スパイスなどから成分を抽出して作られる伝統的な滋養強壮シロップのこと。昨今は、ボタニカル系のシロップを指す語として使われている。カクテルにおいては、そのハーブ、フラワー系の風味だけでは味の輪郭がぼやけがちなので、クエン酸を加えて「酸味のあるボタニカルシロップ」として使っている。

タマリンドの果肉ペーストを湯でのばしたもの
「酸味のあるシロップ」として、甘酸っぱい味わいを加えたい時に加える（タマリンドはアフリカ原産のマメ科の植物。果実には甘みとともに強い酸味があり、ペースト状になった果肉を入手できる）。

既成のドリンク類を煮詰めて自家製シロップに
ギネスやトニックも煮詰めてから加糖すればシロップにできる。お酒風味のシロップを作りたい場合は、お酒を火入れすると香りが飛ぶので、ベースのシロップを少し煮詰めて仕上げに数ミリリットルを加えてのばすと、お酒の香りが生きつつアルコールがほどよく飛んだ状態にでき上がる。また、アップルシュラブにバーボンを最後に入れたり、ザクロのシロップに超熟のカルヴァドスを仕上げに少量入れると美味しい。


## 3）スパイス、調味料など

次頁に挙げるスパイス、調味料類は、カクテルの味わいに変化をもたらし、アクセントをつけてくれる存在だ。使い方は、①酒類やシロップなどに漬け込んでフレーバーを移す（p.60 〜「インフューズ」参照）、②カクテルに直接浮かべる／添える…が主なところだ。

［スパイス類］
スパイスはほとんどが乾燥している（水分がない）ので、酒類に長時間漬け込むことができる。

スパイスをより効率よく抽出するには、砕くこと。すり鉢か何かを使って、できるだけ細かく砕き、断面を増やしておく。表面積が多いほど抽出速度と濃さは増していく。ただし、パウダー状にまですると後でフィルターを使って濾すのに時間がかかる。シロップやお酒に漬け込むならすり鉢で粗く砕くと作業効率がよい。一方、香りが非常に強いスパイスはホールで使ったほうがよい場合もある。たとえばスターアニス、クミン、ペッパー類を漬け込むときはホールのまま使う。ただ、カクテルにホールのスパイスが入ったままだと飲みにくい

ので、提供時には取り出すほうがよい。

日本では生のスパイスを見ることは少ないが、もしインドや東南アジア、中東に行く機会があれば、ぜひ生の状態でスパイス類を味わってみてほしい。素材がどの味から変化してきたのかを知ることは、味の世界観を広げてくれるはずだ。栽培されている土地の気候や風土を感じることも同様だ。

各スパイスはセミドライでない限り、シリカゲルを入れて湿気ないようにして密閉容器またはジップロックに入れて保存する。

［その他の注目素材］
■ギー
発酵無塩バターを煮詰め、水分やたんぱく質を取り除いた純粋な乳脂肪（ピュアオイル）のこと。インドを中心とした南アジアで古くから作られている。アンチエイジング、デトックス効果もある。バターウォッシュ（p.70）をしたり、ホットカクテルにも使う。

■鰹節
出汁系のカクテルを使う時に削って表面にかけるなどして使用する。その場で漬け込んでも香りはあまり出ないので、事前に出汁を作って加糖してシロップにしたり、漬け込んで出汁スピリッツにする。漬け込みには削りたてを使う。シロップにインフューズする際はより濃く抽出できる顆粒タイプがよい。

■ホップ
ホップは多年生植物で、雌株に「毬花」と呼ばれる松かさに似た花のようなものをつける。この毬花がビールの苦みの原料になる。

実際のホップの用途には、苦みの添加（ビタリング）と華やかな香りをもたらす（アロマ）という二つの側面がある。品種は多彩で、苦みの強弱は毬花に含まれるアルファ酸の数値（数値が大きいほど苦み強い）で示される。カクテルにおいて使いやすいという意味では、カスケード（アルファ酸 4 〜 7％）がお勧め。スパイシーかつグレープフルーツのような柑橘香があり、ペールエール、IPA によく使われている。シトラ（同 11 〜 13％）はパッションフルーツ、ライチのような香り。味の方向性でホップを選び、スピリッツに溶け込ませて使うとよい。

状態は、「冷凍球花」と「ペレットタイプ」がある。ペレットはホップを粉砕して圧縮したタブレット状のもので、溶けやすく、使いやすい。入手もしやす

第 3 章 | ミクソロジーのメソッド――材料、技法、器具

56

①シナモンスティック ②スターアニス ③ドライ青山椒 ④オールスパイス ⑤クミン ⑥ピンクペッパー ⑦メース ⑧ナツメグ ⑨ティムットペッパー（ネパール産の花椒の一種。柑橘香が特徴） ⑩ポワヴル・デ・シーム（ベトナム産の花椒の一種。柑橘香） ⑪ニゲラ ⑫ミルラ（モツヤク、樹皮） ⑬ミックスハーブ ⑭カラマン・ソヴァージュ（東欧の野生ミント） ⑮フヌイユパウダー ⑯オレガノパウダー ⑰ガラムマサラ ⑱チリパウダー ⑲カレーパウダー ⑳ココナッツファイン ㉑カカオニブ ㉒ポップコーンパウダー ㉓ドライレモンバーム ㉔柚子パウダー ㉕ココナッツパウダー ㉖だしパウダー ㉗レモンカード ㉘ギー ㉙新玉ねぎ皮のロースト（100〜120℃のオーブンで1時間弱焼いたもの） ㉚柚子皮のロースト（同前） ㉛タマリンド ㉜ホップ（冷凍球花とペレット） ㉝チョコレートガナッシュ（作り方 p.268） ㉞白ごま油 ㉟竹炭

い。鮮度が重要なので、酸化しないように密閉容器に入れて、冷蔵か冷凍で保存することが望ましい。花をそのまま冷凍したものは、香りは素晴らしいが液体を吸収するので歩留まりがペレットより悪いと言われている。

■カカオニブ
カカオ豆を発酵させた後に、焙煎して粗く砕いてフレーク状にしたもの。使いやすいサイズに砕いて、お酒に漬け込んだり、カクテルの表面にかけたりして使う。信頼できるカカオメーカーかチョコレート専門店から購入することをお勧めする。質が悪いと液体に苦みやえぐみが出る。

■カレーパウダー
いわゆるカレー粉。クミン、ガラムマサラ、ウコン、唐辛子など数十種類が入っている。ごく少量使ってカクテルにカレー風味を加えることがある。使用量はカクテル一杯に対して小さじ 1/3 くらいで十分で、よく攪拌すること。


## 4）茶葉

### ［茶葉の種類と特徴］
お茶は発酵茶、半発酵茶、不発酵茶の三種類に分けられる。紅茶は発酵茶、中国や台湾の烏龍茶は半発酵茶、日本のお茶の多くは不発酵茶である。ここでは日本茶の特徴ついて説明する。

■玉露
4月初旬あたりから茶畑に黒い覆いをかけて、日光を遮って栽培する。そうして茶葉に含まれるテアニン（アミノ酸）がカテキン（＝渋み）に変わるのを防ぐことで、新芽はテアニンを豊富に含んだ状態になる。玉露の出汁に似た甘みはこのテアニンからきている。低温でゆっくり抽出するのが一番美味しい。

■抹茶
碾茶をすりつぶして粉状にしたもの。碾茶は玉露と栽培方法が似ていて、茶葉を 20 日間ほど被覆して育て、生葉を蒸し、揉まずに乾燥させたものである。玉露と味は近いが、香ばしく、ミネラルを感じる。碾茶は私はカクテルにはあまり使っていないが、ジンやウオッカに漬け込んで使っても面白いと思う。

■煎茶
普通蒸し茶、深蒸し茶がある。おもに深蒸しをジンに漬け込むのに使用している。

■ほうじ茶
茶葉を高温で焙煎したもの。コーヒーの焙煎と同じく焙煎度合いで味が変わり、浅炒りは茶葉のうま味も感じやすく、フレッシュ。深炒りはロースト香が強く、カカオのような香りで、ダークラム、バーボン、マンゴー、そしてラズベリーなど赤系果物に非常によく合う。

■玄米茶
煎茶やほうじ茶に炒った玄米を加えたもの。じつは万能でカンパリ、スーズなどのビター系リキュールと相性がよく、金柑、パッションフルーツなどの黄色系果物とも相性が抜群である。

■炒り番茶
大型の茶葉を強く焙煎したもので味わいはスモーキー。アイラウイスキーやスモークガンで燻香をつけたものとは違う、まさに焚火のような香りだ。意外なことにコーラに入れて飲んでも美味しい。

①煎茶　②抹茶　③玉露　④京番茶　⑤梨山烏龍茶　⑥加賀棒茶　⑦ジャスミン茶　⑧玄米茶
その他各種中国茶、台湾茶、紅茶、黒豆茶、マテ茶なども使っている。

## 4. 新しい味わいをもたらす技術コンセプト

ミクソロジーの技術の一つに「自分のイメージに合わせて、お酒そのものにフレーバーをつける」というものがある。果物やスパイスなどのアロマを抽出したフレーバードスピリッツを自家製したり、何かの素材を合わせることでお酒の個性をより引き立てたり、あるいはお酒の熟成感をコントロールしたり。さまざまな技法とメソッドがある。

### 1）インフューズ

酒類に香りをつける方法の一つ。何らかの素材の香りを酒類に移す（抽出する）ことをインフューズといい、移したものをインフュージョンと呼ぶ。

[インフューズの方法]
インフューズの方法には大きく分けて①単純浸漬法、②真空加熱浸漬法、③揮発吸着法、④攪拌分離法の四つがある。その他にも急速圧力インフューズもあり、また後述するウォッシングも広義の意味ではインフューズと同類と考えてよい。

#### ①単純浸漬法
香りを持つ固体を液体（酒類）に漬けてエキスを抽出する方法。漬け込んでいる間に素材の成分が染み出し、液体に移っていく。漬ける素材によって条件が変わる。重要なことは、素材に水分があるかどうか。素材に水分がないものは常温漬け込み・常温保存が可能。水分があるものは漬け込んだ後もその水分が酸化、劣化するため、保存は冷蔵または冷凍が必要になる。

漬け込み時間は素材により、または液体のアルコール度数にも関係する。高アルコールのほうが抽出力が強く、時間も短くてすむ。アルコール度数が25度の液体と40度の液体では、25度のほうが1〜2日間ほど余計に抽出に時間がかかる。ほとんどのプロの蒸留家は基本的に70度以上90度以下の高アルコールで抽出はすべきだと言う。

■浸漬期間の目安、注意点など
・果物系：2日〜1週間
　例）りんご、洋梨、パイナップル、オレンジ、金柑、みかん、柚子、柿、いちご、ブルーベリー、ラズベリー、玉ねぎ、キュウリ
・スパイス系：2日〜2週間

例）クローヴ、シナモン、オールスパイス、ナツメグ、クミン、アニス、カルダモン、リコリス、山椒、ジュニパーベリー、ジンジャー、サフランなど
• ハーブ系：1週間〜2週間
例）ミント、ローズマリー、タイム、レモングラス、ウォームウッド、カモミール、ローズヒップ、エルダーフラワー、ユーカリ、マジョラム、フェンネル、タラゴン
• ナッツ・種子など：1日〜2日
アーモンド、ピスタチオ、ヘーゼルナッツ、マカダミアナッツ、カカオビーンズ、ポップコーン

ミントやバジルは常温で漬け込むとそれだけで劣化するので、漬け込み時も冷凍庫に入れておくと酸化を防ぐことができる。仕上がり後（素材を除去した後）の保存は、フレッシュハーブ系や果物系は冷蔵または冷凍で。それ以外は基本的に常温でよい。

## ②真空加熱抽出法

素材と液体（酒類）を真空パックにして一定温度で加熱して、エキスを抽出する方法。加熱は一定の温度を維持して、湯煎で行なう（真空調理用のサーキュレーターを使うと便利）。

素材にはスパイス全般、ベーコン、笹、高温抽出が必要な中国や台湾の茶葉などに適用できる。対象は「加熱したほうが早くエキスが抽出できるもの」に限る。逆に加熱したら素材が劣化するもの、溶けてしまうもの（たとえば山葵、梨、ミント、チーズ、チョコレート、など）には向かない。単純浸漬法では漬け込み完了まで1週間かかるものが、この方法だと1時間で抽出ができる。密閉下での加熱なのでアルコールの揮発がないこと、パックのままであれば酸化を防止できることが一番のメリットだ。

パックの真空度は90％以下に設定する。減圧によって沸点が下がるので、90％だと約65℃で沸騰が始まる。抽出に必要な温度と時間は素材によって異なるので、真空度は85〜90％で、まず1時間加熱して味を見て、足りなければさらに1時間…と実地にいろいろ試して、素材ごとに適切な設定を見つけるとよい。

注意点として、液体量に対してできるだけゆとりのある大きめの袋を使うこと。また、パックする前に必ず素材を冷やしておくこと。室温程度から加温を開始するとすぐに沸騰が起こり、とくに小ぶりのパックだと沸騰した勢いで液体が袋からあふれてこぼれてしまう。まずは袋の大きさと液体の量、真空度（≒沸

点)、加熱温度…のバランスのよいところを把握すると、抽出のための調整がしやすくなる。

③揮発吸着法
液体を容器に入れて、蓋の部分にメッシュか何かをおき、その上に素材を置いて全体を密閉しておく。直接漬けるのではなく、同じ空間に閉じ込めておくことで、気化された香りが同じ空間で混ざり合い、再度液化して、香りが付く。言うならば"自然の蒸留"に近いイメージだ。

しっかり密閉してあれば、容器を多少温めたほうが効率よく香りが取れる。ただし、やりすぎると素材に水滴がつき、結局濁るので注意する。香りがつくまで最低1日はかかるが、香りがとくに強く、漬け込むと液体に油分が出たり、濁ったりする素材はこのやり方で対応する。ただ、香りは比較的表面にしかつかないので、長期保存には向かない。
素材例：コーヒー豆、チーズ、沢庵、味噌

④攪拌分離法
素材と液体を攪拌したあと、遠心分離機 (p.82) で素材からエキスだけ分離し、取り出す方法。攪拌して素材を壊すことでエキスが効率よく引き出され、高速回転で固形部分を取り除いてそのエキスのみを残す。液体の回収率も非常に高く、フィルターでの濾過に比べても歩留まりがよい。とくに果汁の少ない果物や野菜は、この方法で非常に効率よく、フレッシュ感を生かしてエキスを引きだすことができる。
素材例：バナナ、いちご、レッドキャベツ、パイナップル、デーツ、生姜

［何をインフューズするか］

何かをスピリッツにインフューズしようと思いついたら、まず次のことを考え
てみるとよい。

①これは漬け込む必要があるのか＝他の方法より効果がありそうか。
②素材をどの状態で、どの方法でインフューズするのがベストか。
③酸化して劣化しないか。
④フレッシュと併用する必要があるのか。
⑤でき上がったものがカクテルとしてイメージできているか。

①〜⑤に複数のイエスがあれば、トライする価値がある。実際にインフューズ
するにあたっては、②の見極めが重要だ。

• 果物類はフレッシュで使うか、ドライを使うか。あるタイプの果物はフレッ
  シュだと果汁感がしっかりあるが、水分が多い＝香りが出ないので、乾燥さ
  せて半分ほど水分を飛ばしてから使用。いちじく、柿、パイナップル、洋梨、
  オレンジがそれにあたる。いちご等のベリー系やバナナはフレッシュでも工
  夫次第で抜群に美味しいインフュージョンスピリッツになる。

• レモンバーベナ、カモミール、ラベンダーなどフレッシュが手に入らなけれ
  ばドライを使う。真空加熱するとしっかり香りが出る。

• アーモンド、ピスタチオ、ヘーゼルナッツについては、当初はフードプロセッ
  サーで砕いたものをスピリッツに漬け込んでいたが、現在はペーストを使っ
  ている。三種とも製菓用ペーストがあり、スピリッツに加えてブレンダーで
  混ぜ、そのまま漬けておけばよい。沈殿するが、使う前にしっかりふると混
  ざる。ナッツ自体を漬け込んで作るより、しっかり味が出てくれる。

［インフュージョンのレシピ例］

いちごなどのベリー類：単純浸漬法

フレッシュのいちご（1パック分）のヘタをとり、スピリッツ1本に漬け込む。
3日後に濾して、冷蔵庫で保存する。

※ラズベリー、ブルーベリー、ブラックベリーでも同様。また、事前にいちご
  をディハイドレーター（p.80）乾燥させておくと、1本のスピリッツに3パッ
  ク分を一度に漬け込むことができる。

ラズベリーを漬け込み中のスピリッツ

【応用】スーパーストロベリーウオッカ：単純浸漬法＋攪拌＋遠心分離
フレッシュのいちご 2パック
ウオッカ 1本（750ml）
1．いちご1パック分のヘタを取り、ウオッカに漬け込んでおく。2日後、エキスが出ていることを確認し、濾す。
2．いちご1パック分のヘタを取って加え、ハンドブレンダーで攪拌する。
3．2を遠心分離機にかけて、液体と固形分を分離する。透明な液体のみ取り出し、ボトリングする。
※漬け込むことでいちごの熟した味わいが抽出され、追加で加えたいちごからフレッシュな風味が出る。この方法は、ブラックベリー、ラズベリー、ブルーベリーでも同じく有効。

1　　　　　　　2　　　　　　　　　　　　　　　3

ミント：単純浸漬法（冷凍）
枝を取ったミント（適量）をスピリッツ 1 本に入れて、冷凍庫内で漬け込む。約 3 日間。
※ミントは酸化しやすいので、保存も抽出も冷凍が必須。

アールグレイ、日本茶葉など：単純浸漬法
スピリッツ 1 本に茶葉（10g 前後）を入れ、約 24 時間常温で漬け込む。翌日沈殿したものをゆっくり攪拌して、味と色を確認し、濾してボトリングする。緑茶は冷凍保存。その他は冷蔵か常温でも OK。味を強くしたい場合は茶葉を増やすが、タンニンの出すぎに注意する。

黒トリュフ：単純浸漬法
黒トリュフスライス 20 枚前後（サイズと質による）をスピリッツ 1 本に漬け込む。常温で約 4 日間。保存は冷蔵（冷凍だと香りが閉じるため）。

キャラメルポップコーン：単純浸漬法
キャラメルポップコーン 50g をホワイトラム 1 本に 2 時間漬け込んでおく。濾してボトリング。常温保存。

レモングラス：攪拌＋単純浸漬法
冷凍レモングラス（茎の部分）2 本をチョップカットして、スピリッツ 1 本と合わせてハンドブレンダーで攪拌する。濾してからボトリングする。冷蔵または冷凍保存。

実山椒：真空加熱抽出法
実山椒 2tsp. と 1 本分のスピリッツを専用フィルムに入れて真空パックし（真空度 90%）、65℃で 1 時間加熱。濾して常温保存。

スパイス各種：真空加熱抽出法
乾燥スパイスの基本条件は同じ。それぞれスピリッツとともに専用フィルムに入れて真空パックし（真空度90％）、70℃で1時間加熱する。濾してボトリング、常温保存。スピリッツ1本分あたりの各適正量は以下の通り。

- トンカビーンズ　2粒
- ペッパー類　2〜4tsp.（ティムットペッパー、ブラックペッパー、タスマニアペッパーなど）
- シナモン　2本
- スターアニス　4個
- バニラビーンズ　2本（真ん中で割く）
- マスタードシード　3tsp.（ぱちぱちというまで弱火で炒ってから漬け込む）

※ホールスパイスは砕いたほうが抽出が早い。

ベトナムペッパーをウイスキーにインフューズする例

ライムリーフ：真空加熱抽出法または単純浸漬法
ライムリーフ4枚を1本分のスピリッツと一緒に専用フィルムに入れて真空パックし（真空度90％）、65℃で1時間加熱する。単純浸漬する場合は、2日間常温で漬け込む。

笹：真空加熱抽出法
熊笹10枚をよく洗い、1本分のスピリッツと一緒に専用フィルムに入れて真空パックし（真空度90％）、65℃で1時間半加熱。濾して笹を除き、常温保存。

パンダンリーフ：真空加熱抽出法
冷凍パンダンリーフ3枚と1本分のスピリッツを専用フィルムに入れて真空パックし（真空度90％）、65℃で1時間加熱。濾してリーフを除き、常温保存。

バナナ：単純浸漬法または真空加熱抽出法
バナナ3本をスライスし、ディハイドレーター（p.80）にかけてパリパリに

乾燥させる。これをスピリッツ1本に3日間漬け込む。真空加熱する場合は、真空度90％、60℃で1時間加熱。濾して、常温保存。

【応用】ベイクドバナナラム：オーブン＋攪拌＋分離
バナナ　皮付き2本
ダークラム（ロンサカパまたはディプロマティコ）　1本750ml
1．皮付きの状態のバナナ2本をアルミホイルで包み、120℃のオーブンで1時間半加熱する。皮にくるまれた状態で蒸し焼きのような状態になり、中はバナナクリームのようなトロトロな状態になる。
2．皮を剥き、しみ出た水分も残さずすべて容器に移し、ラムと合わせる（ラムはロンサカパやディプロマティコリザーブがよく合う。コニャック、バーボンもよい）。
3．ハンドブレンダーで攪拌し、遠心分離機で分離する。
4．濾してからボトリング。冷蔵保存。

レッドキャベツ：攪拌＋遠心分離
レッドキャベツ300gをディハイドレーターに6時間かけて乾燥させる。スピリッツ500mlと一緒にブレンダーで攪拌し、遠心分離機で分離する。冷蔵保存。

アーモンドペースト：攪拌＋単純浸漬法
アーモンドペースト（Babbi）200gとスピリッツ1本をハンドブレンダーで攪拌してボトリングする。
※ヘーゼルナッツ、ピスタチオペースト（Babbi）も同様。

## 2) ウォッシング

ウォッシングを直訳すれば「洗浄」。牛乳やチーズなどの香りや味の成分を液体に移すと同時に（その意味ではインフューズの一種でもある）、液体を「清

澄する」技法である。具体的には、酒類に香りを移したい乳製品や油脂分の高い食材を混ぜてしばらく置き、その後濾過する、または冷却→凝固→分離させて、固形分を取り除く。除去後の液体は美しい透明になり、風味だけがしっかりと残る。なお、牛乳を使う場合はタンパク質を凝固させるための少量の酸（レモンジュースかクエン酸溶液）を同時に加える。

代表的なウォッシングの方法（素材）は、以下の4種類。それぞれ素材の特徴に応じたメソッドがある。
- ミルクウォッシュ：牛乳（＋酸）
- バターウォッシュ：バター
- チーズウォッシュ：チーズ
- ファットウォッシュ：肉の脂（ベーコンなど）

①ミルクウォッシュ
ミルクウォッシュド・カカオティラム
カカオティラム　750ml（バカルディスペリオール　Bacardi Superior　750mlに、カカオニブ10g、カカオティ11gを漬け込んだもの）
牛乳　200ml
レモンジュース　15ml
1. 大きめのジャーに牛乳を入れ、そこにカカオティラムを注ぎ加えて混ぜ合わせる。
2. レモンジュースを少量ずつ加えて、バースプーンでゆっくり静かにかき混ぜる。徐々に牛乳が分離して、固形物が見えてくる。さらにレモンジュースを加え、ゆっくりとカード（凝乳）を雪だるまのように大きくしていく。乳化してしまうので、けっして早くかき混ぜない。
3. コーヒーフィルターで濾す、または遠心分離機にかけて固形分を分離させ、ボトリングする。

ミルクウォッシュをすると、牛乳の濁り（＝白さ）は完全になくなる。凝固成

分が除かれると、同時に、渋みも取り除いてくれる。なお、ウォッシング過程で乳たんぱく質のカゼインは凝固して取り除かれるが、乳清（ホエー）に含まれるたんぱく質は残るため、シェイクすればきれいに（牛乳をシェイクした時と同じくらいに）泡立つ。

ミルクウォッシュの注意点は、ポリフェノールが豊富なスピリッツ、たとえばバーボンやブランデーをベースに使うと、フレーバーが一緒に抜け落ちてしまうこと。必ず「酒を、牛乳に加える」。その逆はしない（凝固しにくい）。また、分離させるときは、必ずそっとかき混ぜること。

じつはミルクウォッシュはけっして新しい技術ではない。これを使った「ミルクパンチ」は、古くは17世紀ごろから作られている（伝統的なミルクパンチは、酒と牛乳とその他のフレーバー素材を使用する。牛乳を凝固させ、カード（凝乳）を濾して取り除くと透明な液体が残り、透明なのに乳製品のような味がする——この200年以上前の技術が再発見されて、今カクテルに使われているのだと思うと、古典に新しさが秘められているということを改めて痛感する。

カカオティラムで作った「カカオダイキリ」の2例。左はミルクウォッシュしたカカオティラムを使用。右はウォッシュなし。

②バターウォッシュ
スモークバターウォッシュド・ラム
ラム／バカルディスペリオール　Bacardi Superior　700ml
スモークバター　100g
1．スモークバターをとかして、ラムに混ぜる。
2．そのままゆっくりかき混ぜる。冷凍庫に入れる。
3．2時間後に取り出し、表面に浮いて固まった脂肪を取り除き、液体をコーヒーフィルターで濾す。ボトリングする。

バターの香りを液体につけた後、脂肪分を冷やし固めて取り除く技法。脂肪分

のみを取り除くという点ではファットウォッシングともいえる。使うバターは、味が濃いタイプであるほうが、わかりやすくフレーバーが付く。焦がしバター、スモークバターはとくにお勧め。

③チーズウォッシュ
ロックフォールウォッシュド・ウオッカ
ウオッカ／グレイグース　Grey Goose　500ml
ロックフォールチーズ　150g
1．ロックフォールチーズを電子レンジで溶かして、ウオッカと混ぜる。冷凍庫に入れる。
2．2時間後に取り出し、液体をコーヒーフィルターで濾す。ボトリングする。

チーズウォッシュはチーズ溶かして、混ぜて、冷凍して、濾過するだけ。ロックフォールのほかコンテ、白カビ、パルミジャーノなども使える。チーズの塩気も入るので、使う量は好みで調整する。

④ファットウォッシュ
ベーコンウォッシュド・ウオッカ
ウオッカ／グレイグース　Grey Goose　750ml
ベーコン　300g
1．ベーコンをスライスし、フライパンで軽く焼き目がつくぐらい火を入れる。火を止めて、粗熱が取れた状態でウオッカをフライパンに注ぎ、ヘラでよくなじませる。
2．バットに入れて冷蔵で2日間、冷凍で1日漬け込む。
3．取り出し、表面に浮いて固まった脂肪をトングか何かで取り除き、液体をコーヒーフィルターで濾す。ボトリングする。冷蔵または冷凍保存。

ベーコンは香りが移りやすいようスライスし、表面が軽く焦げ付くくらい火を入れてから漬け込む。使うベーコンは、ある程度塩気があるもののほうが香りと味がつきやすい。
大事なのは脂だが、脂が多すぎてもだめで、多少の赤身の部分がないと味がしっかり出てこない。通常仕入れられる原木ベーコンで十分美味しくできる（むしろ良質なベーコンだと脂のクセがなさ過ぎて、味がのらないことがある）。スモークベーコンを使えば、スモーキーな味がつく。パンチェッタは塩気が多すぎて向かない。

濾過する前、冷凍庫から出して解凍させている状態のバターウォッシュ（左）、チーズウォッシュ（中央）、ベーコンウォッシュ（右）。

## 3）エイジング

エイジングとは熟成のこと。ここでいうのはお酒を熟成させることではなく、すでに調合したカクテルをボトルや樽に入れて長期間寝かせる技法だ。異なる種類のアルコールを調合して新しい味わいを創造するのがカクテルだが、そこに「時間」を加えてさらなる味の展開を生み出す。

①ボトルエイジング
2012年のロンドンでトニー・コニグリアーロ Tony Conigliaro 氏から「6年間ボトルで熟成したマンハッタン」を飲ませてもらった。2004年から実験的に作っているとのことで、そのマンハッタンはアルコールの角がまったくなく、スムースで、枯れたポートワインのようで非常に美味しかった。その作りは、調合したマンハッタンをボトルの口から液面までが2.5cmになるまで満たし、蓋をしてボトル全体を絶縁テープでしっかり密閉して、温度を一定に保てる貯蔵庫で保存する、というもの。味わってみると、瓶の中でアルコール同士の分子が結合し、一体となっている印象を受ける。

ボトルエイジングとは、調合したカクテルをボトルに入れて熟成させるという技法だ。この手法はジュース類、ミルク類の入るカクテルには使えないが、アルコール類の混合のカクテルならどれにでも使うことができる。ネグローニ、ボールバルディエ、オールドパルなどウイスキーベース、コニャックベースのカクテルには是非試してみるといい。

②バレルエイジング
卓上にのる小さい樽にカクテルを入れて一定期間熟成させる技法。まろやかになるとともに樽香がつき、カクテルの味わいが変化する。このカクテルのこと

をバレルエイジングカクテルという。

■小樽に入れて寝かせる意味
小さい樽で熟成が早く進むことは、蒸留メーカーの間で証明されている。ニューヨーク州のトゥッチルタウン・スピリッツ社 Tuthilltown Spirits では、ウイスキーなどのスピリッツの熟成に、通常 250 リットル大の樽を用いるところ 2 〜 9 ガロン（9 〜 23 リットル）という小さい樽を使い、「対アルコール表面積率」を上げて熟成速度を早くする手法を取り入れている。このバレルエイジングカクテルにも同じことが言え、小さければ小さいほど熟成のスピードが速くなり、5 リットル以内であれば 3 か月ほどで樽の香りがつき、味がまろみを帯びてくる。

私は 6 年前から実験的に、単体のスピリッツでも小さな樽による短期熟成を行なっている。ウイスキーは、熟成という酸化現象の過程で、樽に含まれるアルデヒド、フェノールまたは弱酸がアルコールと結合することによって「エステル化」していくことが知られている。熟成が長くなるほど中〜長連鎖のエステルが生成され、原酒にはちみつや花の香り、ナッツの風味が加わり、まろやかになることがわかっている。しかし、この小さい樽での短期間熟成で、エステルの連鎖がうながされるのかについては、現時点では検証されていない。スピリッツ単体を熟成することで樽香はつくが、円熟味の片鱗が出るのは 2 年以上の熟成からである。

■樽の種類
樽の種類はさまざまだが、一番多いのが「アメリカンオーク製・ミディアムチャーをされたもの」で、日本にはアメリカまたはメキシコから輸入されてい

る。フレンチオークはワイン樽用はあるが、1〜10リットルサイズはほとんどない。ただし、ヨーロッパやアメリカではフレンチオークやシェリー用の小樽で熟成しているケースも多い。

樽の製造会社は、熟成は最大3年間が目安、としている。3年以上熟成すると揮発して液体自体がなくなるからだ。大きさは最小が1リットル、大きくて20リットルまで販売されている。使いやすさとカクテル自体の製造回転も考えると、3リットルと5リットルが手頃と言える。よく使うカクテルは3リットルで仕込み、1年以上熟成する場合は5リットル、2年以上の場合は10リットルで仕込むのがよい。

■使用上の注意
購入したら、まずはお湯を入れて水漏れをチェックする。大体乾燥して届くので2日ほど水漏れが続くが、徐々に樽が水を吸い、膨張して水が止まる。水漏れが完全に止まれば、水を抜き、カクテルを入れる。

日本は地域にもよるが、夏は高温多湿で、(関東ではとくに)冬は乾燥する。一般的にウイスキーではエンジェルシェアと呼ばれる樽熟成中の蒸発分は初年度に5％、その後は約2％ずつといわれている。小さい樽で熟成する場合、2リットル樽に満タン仕込んだ場合、東京では常温で置いておくと1カ月で約200ml＝10％ほど蒸発する。翌月も同じくらい蒸発する。6カ月熟成すると約1200ml前後蒸発することになり、中身の液体は半分以下になる。1年以上はもちろんのこと、半年以上熟成する場合でも、ある程度温度が一定に保てるワインセラーで熟成することが望ましい。

樽のエキスも無限ではないので、数回使うと樽香が薄くなり、木に含まれるアルデヒド、フェノール、木糖、バニリンなども減少する。アルデヒドが酒に触れて酸化反応を起こし、シリング酸、フェルラ酸、バニリン酸などに変化してそれが美味しさになるので、当然その効果もなくなっていく。小樽での連続熟成では3年が上限と樽メーカーが注意しているが、私の使用感では3カ月熟成なら約4回(連続使用で1年)、6カ月熟成なら3回(1年半)が限度だろう。もちろん樽が新樽かどうか、あるいは材料木材の性質によって一概には言えないので、1回目の熟成後に一定量を取り置きし、2回目に同期間熟成させた後結果を比較して、さらに熟成期間を延ばすなどの判断をする。

バレルエイジングするカクテルには、温度変化に弱い酒類の使用はお勧めできない。少量のブレンドならよいが、酸化してヒネた香りがしてくる場合がある。ドライベルモット、白ワイン、ソーテルヌは向かない。糖分が多いアイスワイ

ンは少量なら使える。ジュース類、乳製品、ピュレ、果物全般、フレッシュハーブも酸化して劣化するので使わないこと。スパイス、ナッツ、乾燥ハーブは使用可能だ。

## 5. 新機材がもたらす味・香り・テクスチャー

新しいカクテルを考える時は、まず自分のできる範囲で考える。しかし、手元にない色はキャンパスに塗ることはできないし、持っている筆以外のタッチは表現できない。できないこと、頭にあってまだない味、想像はできるけどそのもの自体はない液体を具現化するために、道具はある。「ないものは創り出す」というのがミクソロジーの基本姿勢だ。カクテルの素材は創る必要が、常にある。そのための手段を探す過程で、さまざまな道具と出会い、試し、使ってきた。ここで、私が素材を創るために事実上必要とする機材をすべて紹介する。

### 1) ロータリーエバポレーター

回転式のフラスコをもった減圧蒸留機の一つ。減圧蒸留は、液体を減圧下（＝沸点が下がる）で加熱して蒸発を促し、その水蒸気を冷却して凝縮する（液体に戻す）という仕組みだ。ロータリーエバポレーターはフラスコが回転することでより均一で効率な温度制御ができる。私はBuchi社製の機械を使っている。ほかのメーカーのデモ機も試したが、フラスコの容量、ホットバス（フラスコを温める湯煎器）のサイズを考慮して選んだ。

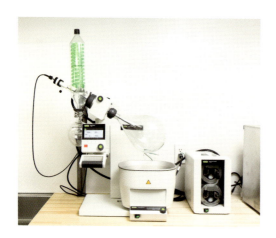

［ロータリーエバポレーターとの出会い］
最初はこれがあると何でもできる気がした。しかし、その気持ちは使ってみて一気に砕かれた。使い方がわかっていなかったからだ。どんな機材も使い方がわかっていないと、そのポテンシャルを全く発揮できずに終わる。
蒸留器でしかできないことがある。液体に混ぜると濁る、加熱すると劣化する、

酸化すると劣化するといった、カクテルに使うには条件の限られる素材も、蒸留器を使ってスピリッツにその香りをつけることで、自在にカクテルに使えるようになった。フォアグラのスピリッツ、ロックフォールのウオッカなど、誰も考えつかなかったし、作ろうとも思わなかっただろう。それまでの私のバーテンダー人生の中で最も革新的なことだった。蒸留器にはじつはまだまだ可能性がある。突き詰めていけば、さらに多くのことができるようになるだろう。

［ロータリーエバポレーターによってできること］
①液体に香りをつける
古来、植物から香気成分を抽出するために蒸留法が行なわれてきた。ハーブを蒸留窯に詰め込んで加熱し、揮発した香気成分を含む水蒸気を冷却してアロマ水を回収するという方法だ。またジンやリキュールは、さまざまなボタニカルをアルコールとともに蒸留して造られている。加熱によってハーブなどの香気成分が液体に抽出され、蒸留後に「香りをもった液体」として回収される。

「アロマ素材＋水」または「アロマ素材＋酒類」をロータリーエバポレーターで蒸留すれば、フレーバーウォーターやフレーバースピリッツを自家製することが可能だ。しかも減圧できる、つまり沸点が下がるので、素材を低温で蒸留することが可能。高温で加熱すると香気成分が劣化したりなくなるものも、酒類または水にとりこむことができる。

②液体を濃縮させる
ロータリーエバポレーターはそもそも溶媒を分離および濃縮するための装置である。混合物をいったん蒸発→冷却液化させることで、沸点の異なる成分を分離し、結果的に濃縮する。この原理によって、ある種の材料から水分を抜いたり、アルコールを抜いたりする（香気成分を損なったり変質させることなく）ことができる。たとえば、フルーツピュレや、ベルモット、ポートワインなどある程度の糖分を含むものから水分を抜いて濃縮液体にする。牛乳から水分を抜いて濃縮牛乳にする。リキュールから水分を抜いたり、リキュールからアルコールを抜くこともできる。たとえばカンパリを蒸留してアルコールがない、カンパリのエキスが濃縮された液体を得ることができる。

［基本的な使い方］
1.蒸留したい液体を右側のフラスコに入れて、ホットバス（95℃まで加熱可能）をセットする。回転数／分（rpm）、落としたい気圧（ミリバールmbar）を設定する。材料によるが、基本セットはホットバス40℃、回転数150rpm、気圧30mbar。温度については、この蒸留器の基本とされているのがフラスコ内20℃、ホットバス40℃、チラー（冷却循環器）が0℃。

それぞれ20℃の差があるのが、最も効率的であるとのこと。

2. 蒸留がスタートするとフラスコが回転し始める。フラスコがホットバスの湯に適量浸かって温められていることを確認する。蒸発が始まると香気成分を含む揮発性物質が気体になり、これが蒸留器の左上部のらせん型ガラス（零度以下の不凍液が循環している）に触れると冷やされて液体に戻り、左下の小さい受け用のフラスコの中に溜まっていく。

蕎麦茶ウオッカ
蕎麦茶　50g
ウオッカ／グレイグース　Grey Goose　700ml
1. 蕎麦茶とウオッカをフラスコに入れる。
2. 30mbar、ホットバスは45℃、回転数は150〜220rpm、冷却水は-5℃に設定し、蒸留を開始する。
3. 500ml抽出したら取り出し、150ml加水してボトリングする。
（蕎麦茶は抽出が早いので、温度は高め、回転も速めで、遠心力で攪拌するイメージで蒸留する。残留液は風味が飛んでいるので破棄する）

［使用上のポイント］
■回転数
回転数が速ければ速いほど蒸留のスピードは上がる。回転数を上げるとフラスコの内側に液体が遠心力で張り付き、全体の表面積が増える。表面積が増えれば増えるほど蒸留のスピードは上がる仕組みである。

■気圧
気圧は下げるほど沸点が下がる。最初は1気圧なのでおよそ1013mbar。下がっていくにつれて液体は沸騰が始まる。沸点・気圧・（ホットバスの）温度は互いに相関関係があり、たとえばホットバスが○○℃の時、気圧が○○mbarで沸騰が始まるという具合である。たいていの素材は40℃に設定していると

130mbar あたりから沸騰し始める。ホットバスの温度が上がれば上がるほど気圧が高くなり60℃で設定した場合、240mbar ほどで沸騰が始まる。
素材の温度によって何気圧で沸騰するかを気をつけて見ていないと、素材によっては急激に突沸して液体が逆流することがある。

■温度
フラスコ内の温度は非常に重要。ロータリーエバポレーターは、伝統的な加熱式蒸留器と違って低温で蒸留できることが一番の利点である。素材に熱を加えたくない場合にとくに効力を発揮する。バジルやトリュフ、チーズなど加熱すると香りが劣化または変化するものもこの香りを生かしながら蒸留できる。ホットバスは蒸留する液体または固体の持ち味を引き出すために最適な温度を考えて設定する。それ以上、または以下にすると味が変わるので、とりわけ慎重に見極める必要がある。

■何を、どれくらい、どの状態で蒸留するか
蒸留の基本は「等価交換」だ。蒸留前の素材が、蒸留後にそれ以上によくなることは絶対にない。あくまで素材のそのものの味、香りが蒸留後の液体に移るのである。そのため蒸留前に一度立ち止まってこう考える。
「この素材はどの状態が一番ベストか？」「温めるのか？すりおろすのか？ミキサーで攪拌する？砕く？」「蒸留する？だとしたら？」

フレッシュのものはできるだけ新鮮な状態で蒸留するのがベストである。香り成分は無限ではない。「香りがする」という時点で素材から揮発して失われている。ゆえに蒸留する際は、手早く混ぜて、手早く行なう。

最初は随分悩んで、毎回失敗して、それぞれの素材の適正使用量を見極めていった。この過程でわかったことは、素材を液体と混ぜた時点で香りが立ち上ってくる瞬間がある。この場合はたいていうまくいく。混ぜても香りが立ち上ってこない場合は揮発成分が少ないので、結局蒸留しても香りが足りない場合が多い。まずは蒸留前に少量ずつ液体に素材を加えていき、混ぜて、香りを確認していくのが失敗しない方法の一つである。ここで鼻を液体に近づける必要はない。自然と香りが漂う状態がベストだ。

［残留液の再利用］
蒸留した後の素材の活用方法もある。揮発成分は成分上軽く、蒸留されやすい。反対に成分が重いものは蒸留されずに素材に残る。塩分、糖分はそれにあたる。よって、蒸留後の濃縮された残留液を再利用できるケースがある。
フォアグラの残留液はフォアグラアイスに、出汁の残留液は濾してから加糖し

79

て出汁シロップにする。
一方で蒸留後、内部成分がほとんど揮発して出きってしまうものも多い。たとえばバジル、わさび、などは残念ながら残留液に味はほとんどない。


## 2）ディハイドレーター

食品乾燥機のこと。材料をのせるトレイが引き出し式になっているもの、お重のように段々になっているもの、など形状はいろいろだが、基本機能は同じ。内部に加熱コイルがあり、そのコイルをファンで回して温風を作り、トレイに並べた材料を乾燥させる。ほとんどの機種が温度設定（たいてい40〜70℃前後）、時間設定ができるので、素材に応じて設定する。たとえば、フレッシュのミントやバジルをパリパリの乾燥ハーブにするには40℃、乾燥野菜チップには52℃、乾燥フルーツチップには57℃、ジャーキー作りには68℃で設定している。
ちなみに余得的な使い方としては、冬場にジンジャービアやミード、フルーツワインなどを自家醸造する際の"発酵むろ"替わりになる。

［おもな使い方］
■フルーツ→乾燥チップに（→さらにパウダーに）
りんご、パイナップル、いちご、いちじく、オレンジ、トマトなどを薄くスライスして乾燥させ、パリパリのチップスにする。オーブンでフルーツチップを作るときは砂糖をまぶしたり、シロップ漬けにしてから乾燥させるが、この場合は基本的には素材のままトレイに並べればよい。まず素材を薄く均等にスライスして、キッチンペーパーを敷いたトレイの上に並べ、マシンにセットして

約6〜10時間かけ乾燥させる。糖分、水分が多いもの、スライスが大きいものは時間がかかる。
そのままカクテルに添えて香りやテクスチャーのアクセントにしたり、カシス、ブルーベリー、ラズベリーなどは素材のまま乾燥させた後、ミルミキサーで粉砕してパウダーにすることもある。

カシスパウダー（左）とタマリンドパウダー（右）。

■液体（＋増粘剤）→ドライパウダーに
とろみのある液体をディハイドレーターで乾燥させるとカチカチのシート状になる。それをミルミキサーにかけてパウダー状にする。この方法で、醤油パウダー（煮詰めた醤油から）、味噌パウダー（のばした味噌から）、出汁パウダー（出汁ウオッカの残留液に増粘剤を加えて）などを作っている。
液体にとろみづけが必要なものには、随時増粘剤（ジェルエスペッサやジェルクレムなど）を少量加える。また、糖分の多い液体はシート状に乾燥してもべとつくので、綺麗なパウダー状にならない。湿気を吸いやすい味噌や醤油パウダーはとくに、保存の際にシリカゲルを忘れないように。

■フルーツのピュレ→シート状に
フルーツピュレを薄くのばして乾燥させると、フルーツのシートができる。ラズベリーピュレやマンゴーピュレを薄くのばして、57℃で10時間乾燥。あとは好みの大きさにカットして使う。保存はシリカゲルを入れて密閉するか、冷凍で。

タマリンドのドライパウダー
タマリンドペーストを薄くのばして57℃で10時間乾燥させる。ミルミキサー

にかけてパウダーになるまで粉砕する。

### 3）遠心分離機

液体を高速に回転させて、遠心力で比重の重いものを外側に押し出し、液体と固体を分離する機械。「液体の清澄」のために使用する。フィルターなどを使うよりはるかに短時間に、またフィルターではで濾せない粒子の細かいものまで分離して、きれいに清澄できる。また分離する固体に液体を残さない点で、歩留まりがとてもよい。

私が使用している卓上型の遠心分離機の回転数は1分間に最大6000回転。もっとサイズの大きい1万回転以上のタイプもあるが、果物類のジュースを清澄するには3500〜5000回転あれば十分だ。この卓上型の場合、100ml入りのプラスチック製のチューブを差し込む口が4個あり、ここに材料を入れてセットすると、一度に400mlを分離できる（4000回転以下の場合）。4000回転以上にする場合は遠心力が強くなるので、50mlサイズのチューブに9割量の液体を入れて使用する。

［遠心分離機によってできること］
①果汁を清澄する
果物のへたなどを除いて適当に切り、ブレンダーで撹拌していったんジュースにし、これを遠心分離機にかけると、固形分が分離されて「透明なジュース」になる。水分が少ない果物でも同じ。バナナはほとんどが果肉だが、濃厚なシロップのような液体が少量だけ取れる。100％果汁に仕上げる必要がない場合

は、水分を加えて希釈してから分離する。マンゴーは残念ながら6000回転でもきれいに液体が取れないため、水分を多少加えて液化してから使う。

遠心分離にかける時間は、10～20分間くらいが適当。対角線にセットしたチューブは必ず同量であること。どちらかが重いと途中でエラーが出て止まってしまう。分離後は、チューブから目の細かいストレーナーで濾しながらボトリングする。

なお、果汁の細胞壁を安定させているペクチンの効力を奪うペクチネックス・ウルトラ SP-L という分解酵素や、でんぷん質の分解を助けるアミラーゼ AG300L を加えると、よりきれいな清澄が可能になる。

②インフュージョンの清澄
■浸漬後の清澄
素材をスピリッツに漬け込んでエキスを抽出する際（p.60 インフューズの方法 ①単純浸漬法）、最後にコーヒーフィルターで濾して素材を取り除くが、きれいに濾せずに濁りが残る場合は、遠心分離機を使うときれいに清澄できる。（ただこの場合も、粒子が細かすぎたり軽すぎると回転数4000回転でも分離しない場合がある）。

■攪拌後の清澄
インフューズの手法のひとつに「素材と液体を合わせて攪拌したのち、固形分のみ分離する」方法がある（p.63 ⑤攪拌分離法）。コーヒーフィルターで濾せるものもあるが、遠心分離機を使うとエキスの歩留まりがはるかによく、またきれいに清澄できる。とくに果汁の少ない果物や野菜は効率よく、フレッシュ感を生かしてエキスを引きだすことができる。


# 4）真空包装機＆サーキュレーター

液体や個体を専用フィルムに入れ、脱気しながら密閉するのが「真空包装機」。食品保存のためだけでなく、真空調理に欠かせないツールである。

真空調理とは、真空パックした食品を低温に保った一定温度下で加熱する調理法だ。一定温度でむらなく加熱するために、料理業界ではスチームコンベクションオーブンが便利に使われているが、バーでは写真のようなサーキュレーターが便利だ。私が現在使用しているのは Anova というブランドのもの。湯を張った鍋などにこれを差し込んで温度をセットすれば、簡単に「一定温度での湯煎

（ホットバス）」ができる。湯を一定温度に保ちつつ、内蔵されたファンで対流を起こして加熱ムラを少なくしてくれる。
※真空調理機には高額なものから手頃なものまでさまざまあるが、肉や魚を加熱するわけではないので加熱ムラを防ぐための高機能なものである必要はなく、むしろ温度を一定に保つだけで十分だ。

［真空包装機、サーキュレーターによってできること］
真空調理にはさまざまな用途とメリットがあるが、私がカクテルに対して使う目的は二つある。

①真空インフュージョン（p.62「真空加熱抽出法」参照）
素材と液体を専用フィルムに入れて真空パックし、パックごと一定温度で加熱して素材の成分を液体に抽出する。この場合、真空度は85〜90％に設定する。密閉状態なのでアルコールや芳香成分を揮発させずに加熱抽出できる、というのが最大のメリットだ。

②真空マリネ
減圧されたパック内では浸透圧が上がるので、素材を液体と一緒に真空パックすると効率的にマリネできる。これをガーニッシュ用のフルーツに応用している。たとえばグランマニエをしみ込ませた洋梨や、ダークラムをしみ込ませたパイナップルなど。液体がしっかりとしみ込み、食感を残した状態でフレーバーガーニッシュができる。

使用素材には、多孔性（気孔がたくさんあるもの）のものが適している。「メロンとディルとアブサン」、「エルダーフラワーリキュールとキュウリスライ

ス」、「ジンとスイカとバジル」などは気に入っている組み合わせだ。保存は長くできないので、密閉容器に入れて数日のうちに使い切る。

## 5）スロージューサー

スロー（低速）ジューサーは、刃を使わず、スクリューをゆっくり回転させて、食材を圧縮しながらすりつぶしてジュースにする機械。一般的なジューサーでは刃が1分間に約8000〜15000回転するが、スロージューサーは石臼のようなスクリューが1分間に30〜45回転とゆっくりと回転する。空気の混入が少なく、食材が酸化しづらいので、栄養素が損なわれにくく、何より酵素が壊れない。とくにトマトジュースづくりに重宝する。また、葉物野菜にも使える。機械が大きくかさばるので一般のバー営業向きではないかもしれないが、大量にカクテルを作る際は非常に役に立つ。

■搾汁後の果肉を、乾燥させて利用
スロージューサーでは絞った果汁と絞られた果肉が、別々の口から出てくる。搾汁後の果肉はほとんどが繊維質だが、味がないわけではない。薄く伸ばしてディハイドレーターで乾燥すると、フルーツチップになる（パイナップル、いちごなど繊維が多いフルーツのが向く）。ぶどうやブルーベリーなどは皮の渋さがチップに出てしまうので、さらにミルミキサーにかけてパウダー状にして使う。

## 6）エスプーマサイフォン

「エスプーマ」はある条件下の液体に亜酸化窒素ガス（N$_2$O、または炭酸ガスCO$_2$で代用）を添加して作るフォーム（ごく軽いムース状の泡）のこと。それを作る器具をここではエスプーマサイフォンと総称する。即席ホイップクリームを創ったり、スープをフォーム状にしたりと、アイデア次第でさまざまに使える。

亜酸化窒素ガス用の器具（商品名称はエスプーマアドバンス）は、専用の充填機につないでガスを供給する必要がある。同様の器具に炭酸ガス用もあり（商品名称にソーダサイフォン、エスプーマスパークリングなど）、こちらはカートリッジ式の使い捨てカプセルを使用する。本来は炭酸水を作るための器具だが、エスプーマのレシピを用いて同様のフォームを作ることが可能、ただし、特有のチリチリとした炭酸感は混じる。

カプセル装着式のエスプーマスパークリング

### ①フォームの生成［N$_2$O、CO$_2$使用］

この器具本来の使用法。一定レベルの乳脂肪分をもった液体であればガスを注入するだけでフォームになるが、通常は泡をキープするための凝固剤をあらかじめ液体に加える。ゼラチン、卵白、寒天などのほか、「プロエスプーマコールド」という専用凝固剤も使いやすい。

エスプーマ自体はとくに目新しいものではないが、フォームの応用にはまだまだ可能性があると思っている。たとえばフォームを液体窒素に絞り落として冷やし固めると、マカロンのような食感のものができる。そのまま冷やし、さら

にペストルでつぶすと、粉雪のようなパウダーになる。

## ②急速圧力インフューズ［N$_2$O、CO$_2$使用］

ガスの圧力を使って、液体に何らかの素材のエキスをインフューズ（＝抽出）することができる。具体的には、

1. 素材と液体をボンベに入れて、密閉する。ガスを注入してよくふる。
2. 再度ガスを注入し、もう一度よくふる。この時点でボンベ内では強い圧力がかかっている状態が続いている。最初の1回目で液体が素材にしみ込み、2回目で1回目にしみ込んだエキスが押し出され、またしみ込む。
3. この状態でしばらく（5分間程度）置いておく。
4. エスプーマの排出口を上向きにしてガスのみをゆっくりと排出する。その後、蓋をはずして中身を取り出してボトリングするだけでいい。これで香りが抽出されている。

インフューズの方法はいろいろあるが（p.60 〜 68 参照）、急速圧力インフューズの特徴は「エキスの表面のテイストを抽出する」ことにある。素材というのはさまざまなエキスの複合体であり、液体に浸ける温度、時間、状態に応じたものがしみ出てくる。ときには、抽出しすぎるということもあるわけだが、この急速圧力インフュージョンの場合、素材から放たれるわかりやすい香りやフレッシュな味わいが抽出される。逆に、長時間かけないと、あるいは加熱しないと出てこない香りや味は抽出できない。つまり長い時間漬け込むとえぐみが出る素材や、やわらかくインフューズしたい場合に有効だ。たとえばハラペーニョ、カカオニブ、サフラン、山椒、クミン、ローズマリーなど。

日常的に多用する手法ではないが、カクテルを作るとき、その場で軽く香りをつけたいが、素材をつぶすだけでは香りが出ない、といった場合に用いている。

## ③急速マリネ＋炭酸添加［CO$_2$使用］

この場合は、炭酸ガス（CO$_2$）を使用する。

たとえば、ぶどうとソーテルヌをボンベに一緒に入れて、二回チャージャーでガスを注入。まず器具の口を上に向けて先にガスを排出し、それからぶどうを取り出す。食べてみるとソーテルヌが混入されたシュワシュワしたぶどうが出来上がる。穴をあけたミニトマトなどでも同様にできる。ただ、何にでも活用できるわけではなく、素材自体に液体が混入する小さな穴があること、入った液体が容易に出ない皮があることが条件となる。

## 7）液体窒素

空気を冷却して生産された液体の窒素。-196℃以下の温度をもち、冷却材として使用される。

アルコールはアルコール度数と同程度の温度で凍り始める。ジンなら-40℃の手前から、アルコール70度のウオッカなら-70℃の手前から。つまりカクテルに扱うどんな液体でも液体窒素で凍らせることができる。

[使用上の注意点]

液体窒素の沸点は-196℃。常温に取り出すと液体ではいられず、白い蒸気をあげて気化していく。このとき646～729倍に膨張する。入荷～保管時はシーベルという口が真空弁になっている専用容器に入っているが、<u>取り扱いには厳重な注意が必要だ。</u>

- シーベルから取り出して使用する時は、開放的な容器に入れること。密閉すると気化した窒素が充満して破裂する恐れがある。
- 使用空間も、必ず換気されていること。狭い場所では少量のみの使用に限定すること。
- 軽く触れるだけでは凍傷にはならないが、触れ続けると凍傷を起こす。
- 「液体窒素と合わせて冷やした液体」に対する注意はさらに重要。液体に混ざった液体窒素が気化しきったことを確認してから（ブクブクした泡立ちが完全になくなってから）、カクテルとして提供する。

[液体窒素によってできること]
①フローズンカクテル
調合したカクテルに液体窒素を加えて冷却し、フローズンカクテルにする、と

いうのが基本的な使い方だ。具体的な流れを要約すると以下になる。
１．カクテルを容器に入れる。
２．液体窒素を適量入れて、よく攪拌する。
３．好みの状態まで冷やし固めたらスプーンですくって容器に盛りつける。

液体窒素を使えば何でもフローズンにできることが最大の利点だが、とはいえマティーニの液体窒素カクテルは飲めたものではない。なんでもフローズンにすればよいわけではなく、またフローズンにするのに液体窒素が万能なわけでもない。フレッシュのパイナップルを使ったニトロピニャコラーダは繊維が口に残ってしまい、クラッシュドアイスとミキサーで作るセミフローズンのピニャコラーダのほうが美味しく感じる。液体窒素と相性がよいのはミルク、卵、クリーム系のもの。即席のジェラート、アイスが作れる。モヒートなどの「スピリッツ＋果汁系」のカクテルは使用量は少なくて済むが、クリーム系はその倍量ほどを使う。どの素材を使うにしても、冷却が進むにつれジェラート状から氷へ状態が変化していく。どの状態が口溶け、口当たりとしてよいか判断して調整する。

■扱い方のポイント
液体窒素は、触れるものすべての熱を気化して冷却する。カクテルにそのまま入れると、比重の軽い液体窒素は表面に浮かび、表面の温度が急激に下がる。そのまま置くと「上は氷、下は液体」という奇妙な状態になるので、注いだらすぐさまスプーンで攪拌し、液体を混ぜ合わせてまんべんなく冷却する。

液体窒素専用のボウル（中が真空になっている）があれば扱いやすいが、ティンやボールを容器にすると、注いだ途端にそれ自体が冷えてしまい、液体がジェラート状になる前に内壁にがちがちに凍り付いてしまいやすい。そうならないよう、加えたらすぐ内壁の固まった部分をスプーンでこそげ落としながらまんべくなく混ぜる。しっかり混ぜてジェラート状になったら、ティンであれば周囲に濡れたおしぼりを巻く。すぐにおしぼりが凍り始め、ティンの内側の凍った部分が溶けて、すくい取りやすくなる。

液体窒素は急激に冷やすので、溶けるのも早い。だから液体窒素で作ったフローズンカクテルは口に入れると体温ですぐに溶け、口溶けよく感じる。溶けて液体に戻るのが早いので、盛りつけ容器には真空断熱されたダブルウォールなど、熱伝導が極力低いものを使用する。

液体窒素で作ったカクテルはそのまま冷凍庫で保存可能だが、ただし出し入れが何度かあると、だんだん固くなってしまう。

②ニトロマドリング

液体窒素はハーブ類も一瞬で冷やして凍らせる。これをペストルで潰すとパウダー状に砕ける。この冷凍パウダー状態でカクテルとブレンドすると、生の状態でペストルでマドルするよりもはるかに濃く味と色素が抽出できる。バジル、ディル、ミント、バラはとくによい。ローズマリーなどの葉が太くてある程度硬さがある場合は、太い枝は除いて葉のみを冷却し、ミルミキサーを使ってパウダー状にする。

フレッシュミント＋液体窒素→ペストルで潰して冷凍パウダーに

ミントの冷凍パウダー＋モヒートの材料＋液体窒素
→スプーンで混ぜてフローズンモヒートに

③ニトロパウダー

液体窒素で素材、または液体を冷やし固め、ペストルでつぶすと、フローズンパウダーになる。トマトジュースを遠心分離機で清澄したクラリファイドトマトジュース（p.268）を使えば白いトマトパウダーに、エスプレッソやのばしたピーナッツバターも同様にパウダーになる。粘性があるものや固体に近いものはそのまま固まってしまうので、ある程度液体としてスムースなものがよい。パウダー状にしたものは、そのまま冷凍庫で保存可能。

「液体のパウダー化」は液体窒素でしかできないものだ。「加水量を考え、口当たりを考える」のはカクテルとしての発想であり、素材自体を別々に凍らせての組み合わせや、温度によるテクスチャーにはデザートしての発想が必要になる。

## 8) スモークガン

数社から製品が出ているが、昔から PolyScience 社のものを愛用している。構造は単純で、チップを入れる場所があり、取っ手の上部にモーターが付いていて内部にファンがある。スイッチを押すとファンが回って風を送り込み、チップに火をつけるとちょうど焚火に息を吹きかけるような感じでチップが燃える。そこで発生した煙がチューブホースから出てくる。

チップは木材、ウイスキー樽材、お茶、ハーブ、香辛料、ドライフラワーなど。煙の質が濃いので、タンニンが多いタイプは煙からえぐみが出る。私は基本的にウイスキーの樽材から作ったチップを使用している。樽材のチップは熟成時にタンニンがある程度出ているので、煙がほどよくおだやかだ。

実際にカクテルに煙をつける方法としては、①液体を入れた容器に煙を注ぎこみ、蓋をして一定の時間（数秒から数分）煙をなじませてからグラスに注ぐ。②グラスに注いだカクテルにドームのようなものを被せ、少し開いた隙間から煙を炊きこんで密閉し、液体に吸着させる。

使用上の注意点は以下の二つ。

- むやみに煙を出さないこと。カウンターで使うとゲストに煙がかかってしまう恐れがある。煙の向き、使う量は最小限にする。
- 掃除をしっかりする。ウッドチップからタンニンとヤニがしみ出し、べたべたになる。ファンもそのヤニで固まり、掃除をしないと動かなくなる。単純な構造なのでめったなことでは故障はしないが、ファン、ホース、メッシュの3点は2日に一度は掃除すること。

［煙がもたらす効果］
①まだ荒さの残るウイスキーをまろやかにする
スピリッツに煙の風味をつけると味が変化する。単純にスモークフレーバーが付くということではなく、熟成が進んだかのように味をまろやかに感じさせる場合がある。フォアローゼスイエロー、オールドグランダットなど熟成が10年熟成前後のまだ粗いバーボンに向いている。3回ほど煙でしっかり燻すと、しだいにアルコール感が取れてまろやかな味になり、ほどよい燻香もつく。"煙がもつタンニンなどの成分がとげとげしいウイスキーの隙間に入って丸くする"といったイメージだ。

反対に、マッカランやバランタインなどすでにまろやかなスコッチに煙をつけると一気にバランスが悪くなる。すでにまろやかな"丸いウイスキー"が、煙の成分を吸着することで"角が立ってしまう"感じ。ちなみに同じアイラ系でも、ボウモア、ラフロイグ、カリラはバランスが崩れ、キルホーマン、アードベッグ、ラガヴーリンはバランスよく仕上がる。
なお、燻香自体は強く吸着しないので、スモークスピリッツを作ったら、その場で提供するか、数杯分まとめて作って数日で提供するのが望ましい。

②カクテルの味わいのバランスに
煙は甘さに吸着する性質があるので、甘みがあるカクテルにより合う。チョコレート系、エッグノック系、ミルク系のカクテルはスモークと好相性。本書で紹介するカクテル、「アロマスモークガルガネッラ」（p.134）にもダークラム、ビターリキュールの苦い甘さがある。一方、酸味があるものはあまり合わない。より鋭角なキツさが際立ってしまう。
煙も"味"であり、その性質は「酸」と「苦み」である。そう考えて、甘みに対しての酸、甘みに対しての苦み、とたどっていくと相性のよいのを理解しやすい。

## 9）ソーダストリーム

液体に炭酸を注入する器具。ソーダサイフォン（p.86）にも同様の機能があるが、こちらはガスシリンダーが60リットルあるので連続使用が可能。単純にスパークリングドリンクを作るには使い勝手がよい。炭酸が抜けてしまった後からでも手軽に追加できる。

自由にスパークリングドリンクをつくることができる。自家製のコーラ、ジンジャービア、トニックウォーター、フレーバーソーダ、ティーソーダ……。たとえば、ほうじ茶に炭酸を注入してアップルヴィネガーを加えると美味しい食前酒になる。ジャスミン茶に炭酸を入れてエルダーフラワーコーディアルと白ワインを入れると美味しいジャスミンスプリッツァーになる。炭酸の強度は、味見して判断する。

自家製ジンジャーエール
自家製ハニージンジャーエッセンス（p.266）45mlに水100mlを加え、炭酸を注入する。

ノンアルコールジントニックウォーター
トニックウォーター　500ml
ジュニパーベリー　25粒
コリアンダーシード　10粒
ドライオレンジピール　1/2個分
ドライレモンピール　1/2個分
シナモン　1/3本

リコリス（あれば）　適量
アンジェリカ（あれば）　適量

1. すべての材料を冷やした状態で専用フィルムに入れ、真空パックにする（真空度 85％）。
2. 60℃で 1 時間加熱したのち（真空調理機などを利用）、冷蔵庫にひと晩置く。
3. 翌日パックを開け、濾しながらボトルに入れて炭酸を注入する。

自家製コーラ
オレンジゼスト　2 個分
ライムピール　1 個分
レモンピール　1 個分
シナモンパウダー　小さじ 1/8
ナツメグ（パウダーに挽く）　1 個分
スターアニス（砕く）　1 個
ラベンダーの花（ドライでも可能）　1/2 個
生姜のすりおろし　小さじ 2
バニラビーンズ　3cm 分
クエン酸　小さじ 1/4
グラニュー糖　2 カップ
ライトブラウンシュガー　大さじ 1

1. コーラシロップを作る。大きめの手鍋に 2 カップの水と砂糖以外の材料を入れ、蓋をして 20 分間ほど弱火で煮込む。グラニュー糖とブラウンシュガーを入れて溶かし、味を見て濾す。粗熱を取ってボトリングする。
2. 水 4 に対してコーラシロップ 1 を混ぜ、炭酸を注入する。

## 10）増粘剤、ゲル化材、乳化剤

液体の状態を変化、安定させるための各種添加物。いくつかの例を紹介する。

■グリセリン
植物性のグリセリン 100％の乳化剤（液体）。水分と油脂の乳化力を高め、アイスクリームの凍結点を降下させてなめらかな食感を出すことができる。ココナッツクリームをアイスクリームにすると固まりすぎるが、これを加えるとやわらかく仕上がる。適量は全体量の 0.5 ～ 2％程度。

■シュクロエミュル
ショ糖脂肪酸エステル100％の乳化剤（粉末）。エアー（p.51「ソルトエアー」
参照）を作る際などに使用する。水分がベースの液体（＝脂肪分がない）の泡
立てが可能で、耐久性がよく、泡が長持ちする。液体に対して0.5％程度加え、
ハンドブレンダーでよく泡立てる40℃程度までならきれいに泡立つが、それ
以上に高温になると泡立ちが悪くなる。なお、アルコールの泡を作る場合はア
ルコール分が20％までが上限になる。油分が入る場合は1：1が限度。

■プロエスプーマコールド
エスプーマ（p.86）用の粉末増粘剤。フォームを作るために液体に通常加え
るゼラチンや乾燥卵白などの代わりに加える。普通では泡立ちにくい素材もき
れいなフォームになる。添加量は液体の2～10％程度。ハンドブレンダーで
よく攪拌してエスプーマサイフォンに入れてガス充填後、よくふって使用。充
填後、短時間の冷蔵（1～3時間）で気泡が安定する。
※提供温度が35～70℃の場合はHOTタイプを使う。温かいクリームもでき
　るので、アイリッシュコーヒーに使用することも。

■ベジタブルゼラチン
弾力性にすぐれ、高い透明度が特徴のゲル化剤。薄い膜をつくることができる。
65℃程度で凝固が始まるほどゲル化のスピードが速いので、簡単にスフェリ
フィケーション（＝球体化。液体をゼリーで包んで球にした状態。口に入れる
とゼリーがはじけて中からカクテルが出てくる）カクテルを作ることができる。

スフィリフィケーションカクテルの作り方
1．カクテルにジェルエスペッサ（または他の増粘剤）を加えてとろみをつけ
　　る（フルーツピュレくらいの粘度にすると作りやすい）。ひと口大の半球
　　型に流して冷凍する。
2．被膜用のゼリー溶液を用意する。（水＋約5～6％量のベジタブルゼラチン
　　＋砂糖＋好みでリキュール）。
3．凍った1を、1個ずつゼリー溶液（70～75℃）にくぐらせる
4．常温で休ませて中のカクテルが溶けるのを待ち、サーブする。

ホワイトメアリースフェリフィケーション
1．被膜用のゼリー液を作る。水500g、砂糖50g、ベジタブルゼラチン25gを
　　手鍋に入れ、常温で混ぜ合わせたのち火にかけて沸騰させる。
2．クリアトマトウォーター（トマト果汁を清澄したもの）30ml、ジェルエス
　　ペッサ（増粘剤）適量を常温で混ぜる。半球型のシリコンモールに流し、
　　冷凍庫またはショックフリーザーで凍らせる。

※アルコールを入れたい場合はアルコール度数15％以下とする。アルコールが高いと固まらない。ここではカクテルは別に作り、サーブするときに添える方法をとる。

3．2．を1．のゼリー溶液（適温70〜75℃）にさっとくぐらせる。
　　※球体に裁縫用針を刺してくぐらせると作業性がよい。半球体自体がとろみがない場合、凍りすぎて針が刺さらない。

4．少し時間をおき、中の凍った液体が溶けるのを待ってレンゲなどにのせる。バジルジン10ml、小さめバジルの葉1枚、ブラックパッパー適量、オリーブオイル3滴、レモン3mlをかける。これをシャンパンに添えてサーブする。

# 第4章

## カクテルコレクション

第 4 章 | カクテルコレクション

# カクテルレシピの凡例

## ［材料表記について］

ベーススピリッツのカテゴリー

使用銘柄

15ml ジン／ヘンドリックス Hendrick's Gin
15ml アールグレイジン ※p.259
10ml カンパリ Campari

※は自家製材料（参照頁にレシピ）。

- ジュース（レモンジュース、グレープフルーツジュースなど）―― フレッシュの果物の搾り汁を使用。
- 生クリーム―― 乳脂肪 38％ を使用。
- シュガーシロップ――カリブ Carib を使用。
- 炭酸水――ウイルキンソン Wilkinson を使用。
- レモンピール――レモンの皮を白い部分を少し残してむき、適当なサイズに切ったもの。
- 「レモンピールをひねって香りをふりかける」―― カクテルの上方でレモンピールをひねり、表皮の油分（香気成分）を飛ばしてふりかけること。
- 「レモンゼストを削りかける」――レモンのゼスト（表皮）をマイクロプレーンなどで削って、カクテルに直接加えること。

## ［単位について］

- 1tsp.（ティースプーン）＝バースプーン 1 杯
- 1drop（ドロップ）＝ 1 滴
- 1dash（ダッシュ）＝（ビターズ）1 ふり分。約 1ml。

## ［ステアについて／基本的に（レシピに記載がなくても）以下のことを行う］

①ステア直前に、材料をテイスティンググラスに入れてなじませる（＝プレミックス）。混合した液体のことも「プレミックス」と表現している。
②ガラス製ミキシンググラスに氷を入れ、リンス（水を加えて氷を洗い、捨てる）してからプレミックスを加える。
　・氷は「かち割り氷を約 3.5cm 角に面取りしたもの」を「5 個」を使用。
　・リンスに使用する水は、「常温の素材で作る場合は冷水」「冷凍した素材を使う場合は常温水」。
　・プレミックスを加える前に氷の状態を確認する。表面が再度凍る状態がよい。
③ステアの際は、最初はバースプーンを中速でかき混ぜ、徐々に速度を落としてゆっくりと混ぜて仕上げる。
④ストレーナーで押さえて、液体をグラスに注ぐ。

## ［シェイクについて／使用器具の表記］

- 「シェイカー」と表記――3 ピースシェイカーを使用。
- 「ティン」と表記――ボストンシェイカーを使用。基本的にはショートティンを使用し、液体の量が多い場合にロングティンを使用する。

# 1 クラシック＋α
## Classic plus alpha

クラシックカクテルはすべてのカクテルの基本であり、すべてが詰まっている殿堂であり、何度も戻るスタート地点である。これに対する理解と考え方がしっかりとしていないとクリエイティブなカクテルをどれだけ考えても完成度が劣る。ベースの素材を最大限活かすこと、組み合わせたものからそれ以上の味わいを引き出すことがクラシックカクテルの最大の本質である。同じ素材で同じ分量でも作り手で違う味がするのは、技術によって素材から引き出されたものが違うから。そこに技術と深い考察がある。基本を踏まえたうえで、私なりにさらに質を上げるための工夫と重要ポイントを記している。

# マティーニ
## Martini

30ml　ジン／ゴードン　Gordon's Dry Gin 43%（'90 ～ '00 年代流通品）
20ml　ジン／タンカレー No.TEN　Tanqueray No.TEN
5ml　　ジン／季の美
5ml　　ノイリープラット ドライ　Noilly prat dry [ベルモット]
3drops　ノールズ オレンジビター　Noord's Orange Bitter
――　レモンピール

氷：なし
グラス：カクテルグラス
ガーニッシュ：グリーンオリーブ
作り方：ステア

すべての材料をテイスティンググラスに合わせ、なじませる。ミキシンググラスに氷を入れて冷水でリンスする。プレミックスを氷に回しかけながら注ぎ入れ、ステアを中速で始め、徐々に低速に落として仕上げる。グラスに注ぎ、カクテルピンに刺したオリーブを添え、レモンピールをひねって香りをふりかける。

星の数ほどオリジナルレシピと考え方があるマティーニ。世界中どこでも飲めて、飲み手も作り手も自分のベストマティーニを探す。まさにマティーニならではだろう。マティーニにはまずは配合があり、つぎにステアがある。ステアとはただ混ぜることではなく、加水調整の技術だ。ステアして加水のスピードと量の調整をすることで、味が劇的に美味しくなり、まろやかになり、そして何より味が安定する。伊藤学からステアの何たるかを教わったことが、このレシピのベースとなっている。

ジンは基本的に二種をブレンドするが、ここではアクセントでもう一つ使っている。「メイン」はゴードン。ジュニパーフレーバーがしっかりあり、腰が強いタイプだ。つぎは「フレーバー」としてタンカレー No.10 を使う。これが柑橘系のフレーバーと甘さを担当する。最後の季の美が「アクセント」で、柚子、檜、お茶等の和のフレーバーが複層的に重なりあっており、5mlでも香りが上がってくる。この三つで「一つのジン」として考える。重要なのはメインのジンで、ボディがしっかりしていること。フレーバーはメインと相性がよいこと。この二つのブレンドで、すでに旨いことが大事。アクセントは最後のピースで、それを加えると「深みが出る」「さらに味が広がる」「余韻が波になる」ことを目的とする。プラスに働かない場合は加える必要はない。アクセントはあくまで最後の塩のひと匙である。

ベルモットは、ここではノイリープラットを使うが、ジンとの相性で決めるとよい。

たとえばチンザノはローズマリー香が強いので、オリーブ、スパイス系のジンと相性がよい。オレンジビターズも同じく相性で銘柄を決める。順序としては、
① 美味しいジンのブレンドができる。
② ①と相性がよいベルモットを選ぶ。
③ ①＋②に相性のよいオレンジビターズを選ぶ。

なぜ一種類のジンで作らないのか？　一つでも問題ない。ただ、自分が作りたいマティーニを考える時、一つでは足りない場合もある。そもそもジンは複数のボタニカルや原酒をブレンドして作られるスピリッツだ。この場で複数のブランドのジンをブレンドすることは間違いではないだろう。目指すは最高のマティーニをイメージし、そこからさかのぼって自分なりの組み合わせを構築することである。

ジントニック

アレンジジントニックもある。コパグラスを使ったものや、ワイングラスなどで作るもの。香りを感じてもらいたい、ハーブ、スパイスを加えてよりビジュアルとして美しく見せたい、といった理由がある。ジントニックにも飲むシーンがある。昼下がり、アペリティフ、かなり飲み進めたあとの最後の1杯など。昼下がりなどは大ぶりのグラスでがぶがぶ飲めるタイプが気持ちがいい。アペリティフには基本レシピのジントニックがスイスイと飲みやすい。締めの一杯やじっくり飲みたい場合はクラフトジンで作ったもののほうが味わい深く飲める。

フリーザージントニックは、開業時から数年間出していた定番のひとつ。事前に混ぜてグラスごと冷凍するので、1日10杯程度しか提供できない。その後忙しくなりすぎて提供がむずかしくなり、泣く泣くメニューからはずしたが、今でもこのジントニックが本当に美味しいと思う。まず−25℃の冷凍庫で冷凍しているので、通常のジントニックよりはるかに冷たい。そして、ライムを一晩ジンに漬け込むことになるので、ライムの成分がしみ出してジンときれいに一体化する。グラスに注いだ後、シャーベットが徐々に溶けて味が変化していくのもいい。これは、12年前、カクテル自体を冷凍するとどうなるのかを実験して発見した。サイドカーも同様に作れる。その場合、シェイクする前のブレンドをそのままカクテルグラスに入れて一晩冷凍すれば、表面がゼリーのような半シャーベット状になり、トロトロなカクテルになる。シェイクはしない（シェイクすると−25℃を下回って凍ってしまう）。

# フリーザージントニック

## Freezer Gin Tonic

30ml　ジン（好みの銘柄）
1/8個　ライム
60ml　トニックウォーター　Fever-Tree
20ml　炭酸水
——　ライムピール

氷：面取りしたかち割り氷3個
グラス：タンブラー

グラスにジンを入れ、カットライムを搾り落とす。氷をグラスに詰め、氷がなめらかにグラスの中を回るようになるまでステアする（8〜10回前後が目安）。そのまま−25℃の冷凍庫に入れて一晩置く。オーダー時に冷凍庫から取り出し、バースプーンでグラスの底でシャーベット状になったジンとライムを軽く崩す。トニックウォーター、炭酸水を氷に当たらないように注ぎ、軽く混ぜてシャーベット状態のジンを上に浮かせる用に混ぜる。最後にライムピールをひねって香りをふりかける。

第4章 | カクテルコレクション 1 | クラシック＋α

# ハニージンジャーモスコミュール
## Honey Ginger Moscow Mule

40ml　ウオッカ／グレイグース　Grey Goose
2tsp.　ハニージンジャーエッセンス　※ p.266
1/2個　ライム（チョップカット）
120ml　ジンジャービア　Fentimans

氷：かち割り氷
グラス：銅マグ
作り方：ビルド

ライムのチョップカットをマグカップに入れ、ペストルでやわらかく潰す。ウオッカ、自家製ジンジャーエッセンスを入れ、氷を詰める。ジンジャービアを注いでグラスを満たし、軽くステアして完成。

開店以来常に高い人気を誇るのが、手作りのジンジャーエッセンスで作るこのモスコミュール。シンプルかつクラシックなカクテルにどれほど新鮮な印象を与えることができるか、をテーマとして2009年にベースレシピを考案し、細かい変更を重ねてここに至っている。当初はすりおろした生姜にスパイスと甘みを加えて煮込んだものをウオッカに直接加えていたが、開店から2カ月後、汎用性も考えてハチミツ入りのジンジャーエッセンスを開発した。2012年、エバポレーターでジンジャーウオッカを作り（ウオッカ自体にも生姜のエキスが効いている）、これを使用して作ったが、ゲストから元のレシピを支持されて戻した経緯がある。より生姜を効かせればよいわけではなく、あくまでもベースの上に酸味、辛み、甘みがバランスよく調和していることが大切なのだ。

このレシピの一番重要なパートは何といっても自家製のジンジャーエッセンス。正直、これを入れれば誰でも美味しいモスコミュールが作れる、それくらい重要である。当初は"自家製ジンジャーエールの素"といった風の比較的シンプルなレシピだったが、さらに深みを増すためにハチミツは焦がし、複層的な清涼感としてレモングラスを加え、スパイスも調合しなおし…と、味わいをブラッシュアップさせてきた。
次に重要なことは、縦皺が少し入ったやわらかいライムを、毎回搾って使うこと。かたいライムでは充分に果汁は出ない。ライムを手搾りからペストルでつぶすようになったのは、あまりに杯数が出すぎて、ライムの油と酸で手荒れがひどくなったのと、かたいライムに当たったときに1日30杯も作っているとだんだん握力がなくなってくるためである。
ベーススピリッツをバーボン、アイラウイスキー、メスカルなどにすると無数にアレンジが生まれる。その土台をこのレシピが支えている。

# マンハッタン

## Manhattan

30ml　ライウイスキー／ウィレットエステート　Willett Estate Rye 55°
15ml　ウイスキー／カナディアンクラブ古酒　Canadian Club（'70 年代流通品）
15ml　マンチノ ヴェッキオ　Mancino Vecchio［ベルモット］
5ml　カルパノ プントエメス　Carpano Punt e Mes（'80 年代流通品）［ベルモット］
1dash　ボブス アボッツビターズ　Bob's Abbotts Bitters

氷：なし
グラス：カクテルグラス
ガーニッシュ：カクテルチェリー
作り方：ステア

ミキンググラスに氷を入れ、プレミックスした材料を入れてステアする。ストレーナーで濾しながらグラスに注ぐ。カクテルピンに刺したチェリーを添える。

世界中のウイスキーカクテル好きに頼まれるベストセラーカクテルの一つである。諸説があるものの、1880 年代、ジェニージェローム（のちのチャーチルの母）がニューヨークのマンハッタンクラブで開催したパーティで考案されたというのが一番有力な説である。母はマンハッタンを愛し、息子のチャーチルはマティーニを愛したのも何か縁じみたものを感じる。元のクラブで作られたカクテルはライウイスキーとベルモットが等分でオレンジビターズが入ったものだった。これはマルティネスがベースにあったのかもしれないが、定かではない。ドライ、スイート、パーフェクト等、バランスを変えた、異なる名称のマンハッタンも多く登場した。

マンハッタンの魅力は、ウイスキーとベルモットの香りと味をいかに重ね、一体化させ、余韻で伸ばせるか、にかかる。オールドのウイスキーを使うことで枯れた複雑味が加わり、より味わい深く、じっくりと余韻を楽しめるマンハッタンになりうる。ヴィンテージウイスキーは高価だが、カナディアンクラブはまだ安いのでまとめて買っておくと使える。ただし 80 年代以前のものは味がヒネていることがあり、その場合は使えない。ヴィンテージのボトルはすべてが美味しいわけではないので、1 本ずつ開けて"生きてるかどうか"を確かめる必要がある。

各アイテムの相性もあるが、グラスに入れる前にプレミックスして香りをなじませてからステアすると、酒自体が混ざる運動を先に終えているので、一体となった味わいで仕上げやすくなる。

# マンハッタン・エクスペリエンス
## Manhattan Experience

- 30ml　ライウイスキー／ミクターズ
  Michter's Single Rye
- 15ml　ウイスキー／カナディアンクラブ・シェリー樽熟成
  Canadian Club Sherry Cask
- 20ml　カルパノ アンティカフォーミュラ　Carpano Antica Formula
  ［ベルモット］
- 7.5ml　ラズベリーシュラブ
  ※ p.265
- 4drops　ビターメンス オーチャードストリートビターズ
  Bittermen's Orchard Street Bitters

氷：なし
グラス：カクテルグラス
ガーニッシュ：カクテルチェリー
作り方：ステア

すべての材料を40杯分計量し、3リットルのアメリカンオークの樽に入れて2カ月間、冷暗所にて熟成させる。1杯分を氷を入れたミキシンググラスに入れ、ステアする。ストレーナーで濾しながらカクテルグラスに注ぐ。カクテルピンに刺したチェリーを添える。

「熟成バージョンのマンハッタン」である。考案した2013年当時はまだマンハッタンのオーダーも多くなく、ウイスキーカクテルは人気があまりなかった。しかし、グローバルにはバーボンカクテルがにわかに人気を博していた時期でもあり、マンハッタンで何か新しいものを、と作ったもの。

ヴィネガーを熟成すると酸が丸くなり、独特の香りがする。では、カクテルとヴィネ

ガーを一緒に樽で熟成した場合どうなるだろうかと思い、ラズベリーシュラブを作ってレシピに加え、熟成させた結果、非常にうまくいった。1カ月くらいだとまだ酸味を感じるが、2カ月経つと酸がおだやかに隠れて、香りとともに一体感が増す。これは新しいマンハッタンの経験だということで、マンハッタン・エクスペリエンスというネームをつけた。人気があり、今も作り続けている。ベースのウイスキーは好みで変えてもよい。

# ラムマンハッタン

## Rum Manhattan

| | |
|---|---|
| 30ml | ラム／シャマレル・モスカテル樽仕上げ Chamarel Moscatel Cask Finish |
| 15ml | コニャック／ラニョーサボラン XO Ragnaud Sabourin XO No.25 |
| 10ml | コッキ ベルモットディトリノ Cocchi Vermouth di Torino［ベルモット］ |
| 5ml | カルパノ プントエメス Carpano Punt e Mes（'80年代流通品）［ベルモット］ |
| 5ml | パロコルタド／ゴンザレスピアス・アポストレス |
| | Gonzales Byass Apostoles［シェリー］ |
| 1dash | フィーブラザーズ・ウォルナッツビターズ Fee brothers Walnut Bitters |

氷：なし
グラス：カクテルグラス
ガーニッシュ：カクテルチェリー
作り方：ステア

ミキシンググラスに氷を入れ、プレミックスした材料を入れてステアする。濾しながらカクテルグラスに注ぐ。カクテルピンに刺したチェリーを添える。

ラムベースのマンハッタンには多くのレシピがあるが、モーリシャスに行った際に購入したモスカテルフィニッシュのシャマレルがとてもおいしかったので、手に入る限りこれを使っている。コッキのベルモットは、モスカート種のワインがベースなので相性がいい。コニャックは華やかさ、プントイメスは苦み、アポストレスはさらなる複雑さを加える役割。構成の考え方としては、＜シャマレルとコニャック＞＝ベース、＜コッキ、プントイメス、アポストレス＞＝フレーバー、＜ウォルナッツビターズ＞＝全体の引き締め役、である。

ラム一種とベルモット一種の組み合わせでは、複層的な味わいは作りづらい。相互に相性のよいパートナーを見つけてつないでいくことで、絶妙なバランスをもった、複雑味のある味わいが生まれる。

# ネグローニ

## Negroni

30ml　ジン／ボンベイ　Bombay Dry Gin　冷凍
20ml　カンパリ　Campari　冷凍
20ml　カルパノ アンティカフォーミュラ　Carpano Antica Formula［ベルモット］冷蔵
──　オレンジピール

氷：ロックアイス
グラス：ロックグラス（厚手）
作り方：ステア

材料をテイスティンググラスに入れてプレミックスする。ミキシンググラスに氷を入れて、常温の水でリンスする。プレミックスを氷に回しかけながら注ぎ、中速から徐々に低速に落としてステアし、仕上げる。グラスに注ぎ、オレンジピールをひねって香りをふりかける。

言わずと知れたグローバルスタンダードカクテルであり、世界中で飲まれ、ネグローニ専門のカクテルブックが出るほど人気が高い。スタンダードレシピは材料がすべて等分だが、ジンを多めにしたほうが飲み口に厚みが出て、より味が安定する。ネグローニを好きな人にアルコールが弱い人はあまりいない。強くて、苦くて、飲み応えのあるカクテルとしてネグローニを頼むケースが多い。ジンを増やしてフレーバーを強く出すほうがより複層的な味を作りやすく、飲み手の要望にも沿う。

各材料の温度帯は同じであるほうがもちろん混ぜやすいが、あえて上記のようにしている。ネグローニは重厚さが必要なので、材料はできるだけ温度が低い状態にして粘性を持たせ、苦みをしっかり出すのが望ましい（温度が高いとカンパリとベルモットの甘さが引き立ってしまう）。カンパリは冷凍しておくと、苦みの中の甘さが抑えられ、液体にとろみがつく。ジンも冷凍しておく。－20℃からステアしていって、温度をやわらげながら混ぜて「ある点」に近づけようとするのと、常温20℃から氷を入れて冷やしながらある点に近づけようとするのとでは、氷に与える熱量と、それによって溶ける水の分量が大きく異なる。ステアする時間を長くとって、温度コントロールをしながら加水量をコントロールにするには、そもそもの液体は冷えている、または零度のほうが物理的にもやりやすい。

第4章　カクテルコレクション　I｜クラシック＋α

# ブリティッシュネグローニ
## British Negroni

15ml　ジン／ヘンドリックス　Hendrick's Gin　冷凍
15ml　アールグレイジン　※ p.259、冷凍
30ml　カンパリ　Campari　冷凍
30ml　カルパノ アンティカ フォーミュラ　Carpano Antica Formula［ベルモット］冷蔵
0.2ml　ボブス オレンジ＆マンダリンビターズ　Bob's Orange & Mandarin Bitters
0.2ml　ボブス アボッツビターズ　Bob's Abbotts Bitters

氷：ロックアイス
グラス：ロックグラス（厚手）
作り方：ステア

材料をテイスティンググラスに入れてプレミックスする。ミキシンググラスに氷を入れて、常温の水でリンスする。プレミックスを氷に回しかけながら注ぎ、中速から徐々に低速に落としてステアし、仕上げる。氷を入れたグラスに注ぎ、バーナーであぶりながらオレンジピールをひねって油分を飛ばし、香りをふりかける。

ネグローニのアレンジは非常に多岐に渡る。
このネグローニは2011年に香港の『オリジン Origin』でゲストバーテンダーをしたときに、ヘンドリックスのアンバサダーであるエリック・アンダーソンに向けて作ったものである。以来、ネグローニ好きのゲストに好まれて通常オーダーでもよく作っている。アールグレイの香りが他の材料と非常に相性がよい。ただし、ベーススピリッツをすべてアールグレイジンにするとくどいので、半量がちょうどいい。

ネグローニをアレンジする場合の考え方は、ベーススピリッツ、カンパリ、ベルモットをそれぞれ別のものに変更する。またはブレンドする。

よくある事例は、ベーススピリッツをメスカル、ダークラム、バーボンなどにすること（バーボンベースにするとカクテル名がすでに変わってくるが、広義にネグローニのアレンジととらえていただきたい）。私の場合は、オリジナルのインフューズドスピリッツを使うケースが多い。ヒノキジン、玄米茶ジン、蕗の薹ジン、わさびジン、山椒ジンなど。具体的にどう組み合わせるかというと、［カンパリ：ルート＆ビターオレンジ系］［ベルモット：ワイン＆スパイス系］…と、まず味のカテゴリーでとらえ、それらと相性がよいものを選ぶ。要素を横列にして、「ルート＋オレンジ＋ワイン＋スパイス＋○○○」──○○○に入るものをトータルの相性から考えてみるのである。アールグレイはばっちりはまる。蕗の薹は野菜という認識だと合わなさそうに見えるが、ルート＝苦みの部分に共鳴する。山葵はスパイス、玄米茶は記載材料のすべてに

合う。

複合的な苦みの創出のためにアマーロ、カンパリ、フェルネットブランカ等を適量ブレンドしたり、カルパノ・アンティカフォーミュラをベースしてそこに苦みの増強と奥行を与えるためにオールドのプントイメスをブレンドする、等のやり方もいい。その際は味の強弱のバランス、役割をしっかり考えて混ぜることが大事である。

## サワーカクテル

サワーカクテルは1862年ジェリー・トーマス著作の『How to Mix Drinks』に記載されて以来、現在まで非常に多くのバリエーションと変化を生み続けている。昔は広義の意味ではマルガリータやサイドカーもサワーカクテルの一種とされていたが、現在ではベーススピリッツに柑橘果汁、シュガーシロップ、卵白を入れてシェイクし、フォーム状にしたカクテルを指す。その場合、材料の比率等は問わない。ただし日本に限っていえば、ベーススピリッツ＋柑橘＋シュガーシロップを卵白なしでシェイクするレシピが一般的だ。ウイスキーサワー、ジンサワー、ポートサワーなどがそうで、今も愛飲家が多い。「ブラックペッパーサワー」は、ウイスキーサワーをアップデートしたカクテルだ。

サワーカクテルのポイント（卵白あり、なしに限らず）は酸味と甘みのバランス、そしてフォームの状態に尽きる。酸味と甘みのバランスはレモンジュース20ml、シュガーシロップ10ml（2：1）を基準とする。さらに飲みやすくするためには20ml、15ml（2：1.5）にすればよい。このあたりはベースによっても変わる。「バナナピスコサワー」（p.121）はより甘みに寄せたいのでシロップを15mlにしている。「チナールリバックサワー」（p.120）はチナールのビターテイストとコーヒーのバランスをとるのに10mlがちょうどよかった。

アレンジを考える際の順番は、
①基本レシピのベースを変更してみる。
　　──フレーバー？リキュール？ブレンド？
②シュガーシロップを①に相性がよいものに変更してみる。
　　──バニラ？フローラル？スパイス？
基本的にこの二つからスタートする。サワー系はあまり突拍子もない組み合わせよりも「王道＋αのアクセント」くらいがちょうどいいケースが多い。

フォームをうまく作るには、シェイクの前にハンドブレンダーでよく攪拌してからシェイクすること。またはシェイクする前に何らかの方法で泡立てること（エアシェイク、攪拌機を使うなど。要は泡立てばなんでもよい）。シェイクした後に別のシェイカーに入れ、再度氷抜きでシェイクして泡立てるやり方もある。これは非常に綺麗なフォームができるが、手早くしないとカクテルの温度が下がる。

チナールリバックサワー

## チナールリバックサワー
### Cynar Re:back Sour

- 40ml　チナール Cynar［アーティチョークリキュール］
- 5ml　メスカル／ピエルデアルマス ラ・プリティータ・ベルダ
  Pierde Almas "La Puritita Verda"
- 20ml　レモンジュース
- 10ml　コールドブリューコーヒー・コーディアル ※ p.265
- 20ml　卵白

氷：なし
グラス：カクテルグラス
作り方：シェイク

材料をすべてシェイカーに入れる。ハンドブレンダーで攪拌し、しっかりと泡立てる。氷を加え、シェイクする。ファインストレーナーで濾しながらグラスに注ぐ。


## ブラックペッパーサワー
### Black Pepper Sour

- 37.5ml　タスマニアブラックペッパー・バーボン ※ p.257
- 20ml　レモンジュース
- 10ml　シュガーシロップ
- ──　ブラックペッパー

氷：なし
グラス：リキュールグラスまたはストレートグラス
作り方：シェイク

材料をすべてシェイカーに入れる。氷を加え、シェイクする。ファインストレーナーで濾しながらグラスに注ぐ。ブラックペッパーを挽きかける。

## バナナピスコサワー
Banana Pisco Sour

40ml　バナナピスコ　※ p.258
1/3本　バナナ
20ml　レモンジュース
15ml　バニラシロップ
1個　　卵白

氷：なし
グラス：アイリッシュコーヒーグラス
ガーニッシュ：ドライバナナチップ
作り方：シェイク

材料をすべてシェイカーに入れる。ハンドブレンダーで撹拌してしっかりと泡立てる。氷を加え、シェイクする。ファインストレーナーで濾しながらグラスに注ぐ。バナナチップを飾る。

## クラウディユズサワー
Cloudy Yuzu Sour

- 45ml　グリルド柚子ジン　※ p.258
- 20ml　レモンジュース
- 15ml　シュガーシロップ
- 5ml　パッションフルーツピュレ
- 1個　卵白
- 4–5drops　アンゴスチュラビターズ
  Angostura bitters
- ——　焼いた柚子皮　※ p.57

氷：なし
グラス：サワーカクテルグラス
作り方：シェイク

材料をすべてシェイカーに入れる。ハンドブレンダーで攪拌し、しっかりと泡立てる。氷を加え、シェイクする。ファインストレーナーで濾しながらグラスに注ぐ。表面にアンゴスチュラビターズを数滴ドロップし、焼いた柚子の皮を削ったものをふりかける。

# 2 モダンシンプル＆コンプレックス
## Modern simple & complex

シンプル性と複雑性は両方とも重要である。シンプルというのはレシピがシンプルということではなく、味わいがストレートで伝わりやすいという意味である。わかりやすい味というのは舌が疲れず、何杯飲んでも美味しく飲める。そしてマスに受ける。逆に複雑性のあるものは複層的、つまり段階的な味わいで玄人にウケがよく、普通ではつまらない人の要望に応えることができる。

# フェアトレーダーズ・フィズ

## Fair Traders Fizz

30ml　バーボン／オールドフォレスター　Old Forester Bourbon
20ml　カカオニブカンパリ ※ p.256
10ml　リレルージュ　Lillet rouge [ベルモット]
15ml　レモンジュース
8ml　バニラシロップ ※ p.262
40ml　炭酸水

氷：かち割り氷
グラス：タンブラー
作り方：シェイク

炭酸水以外の材料をシェイカーに入れ、氷とともにシェイクする。ファインストレーナーで濾しながら、氷を入れたグラスに注ぐ。炭酸水を注ぎ入れ、軽くステアする。

「さっぱりしたロング、甘くないもので」というオーダーは1日に何回も受ける。このカクテルは最初の1杯にも飲みつかれた最後の1杯にも適していて、疲れた身体と舌を癒してくれる。カンパリソーダを基点として、下記のような順番と考え方を頭の中で組み立てながら構成していった。
• カンパリソーダに何かを加える→カカオニブをインフューズする
• カンパリソーダではボディが足りない→バーボンを加える
• 複雑さと華やかさをできれば両方足したい→リレルージュ
• アルコール感を少し抑えたい→柑橘と甘みを足す
ここで使用しているベトナム産のカカオニブにはベリーに似た酸味とフレーバーがある（他にウッディ、ハーバルなタイプのカカオニブもある）。カカオニブは漬け込むと酸味が出てくるので、その酸味とバランスが取れるように対極の要素（甘みか苦み）があるものをベーススピリッツにするとよい。ポートワインともよく合う。

このカクテルのアレンジ性はあまり高くはないが、ベースのバーボンの銘柄を変えてもだいたい合う。カンパリとリレルージュはできれば変えないほうがよいが、カカオニブの代わりにほうじ茶、生姜、トンカビーンズ、シナモン、ブラックペッパーをカンパリに漬け込んで使ってもよい。その場合、バーボン、バニラシロップはそれぞれと相性のよいものを選ぶ。

# ラクティック・シャンパーニュ

## Lactic Champagne

10ml　スミレのリキュール／マリエンホーフ　Marienhof Veilchen Likör
40ml　ミルクウォッシュリキッド ※ p.267
70ml　シャンパン

氷：なし
グラス：シャンパングラス
飾り：孔雀の羽
作り方：ステア

氷を入れたミキシンググラスにシャンパン以外の材料を入れてステアし、フルートグラスに注ぐ。シャンパンを注ぎ入れる。

店が混みあう金曜日やお祝いの場にシャンパンカクテルは非常に重宝する。これはスタッフのシニアバーテンダー、加曽利信吾が考案した、その名の通り、ヨーグルト的な乳酸発酵のフレーバーがするシャンパンカクテル。シャンパンの気泡がスミレとミルクウォッシュリキッドの香りをグラスの上部にあげてくれる。
シャンパンカクテルのポイントは、気泡で上がる香りをどんな材料で表現するか、である。香りの要素をラベンダーリキュールからローズ、ジャスミン、カシス、エルダーフラワーリキュールに変更するだけでさまざまにアレンジできる。
スモークサーモンを使ったアペタイザー、フレッシュチーズ、バルサミコがかかったサラダ、生ハムメロンなどと相性がよい。スモーキーな料理にも意外とよく合う。

# セルフィッシュ
## Selfish

| | | |
|---|---|---|
| 30ml | ライウイスキー／テンプルトン | Templeton Rye |
| 20ml | キナ クレメンティ | China Clementi ［キナリキュール］ |
| 10ml | ペルノ | Pernod ［アニスリキュール］ |
| 5ml | カリンのリキュール／フェルディナンズ | Ferdinand's Saar Quince |
| 20ml | レモンジュース | |
| 1dash | ペイショーズビターズ | Peychaud's Bitters |
| 10ml | シュガーシロップ | |
| ── | タイムの枝、ナツメグ | |

氷：なし
グラス：クープカクテルグラス
作り方：シェイク

材料を合わせ、氷とともにシェイクする。ファインストレーナーで濾しながらグラスに注ぎ、タイムの枝をのせてナツメグを削りかける。


「ウイスキーベースで、強くて、さっぱり、甘くなくハーブ系も好き…でも飲みやすいものを」という、非常に注文が多いゲストのために作ったカクテル。アルコール感はそこそこあるが、飲み口は軽くさっぱりしていて、とくに外国人にウケがよい。構成は"卵白なしのウイスキーサワー"からスタートしている。まずその派生として、下記のベース型を作成した。
　30ml　ベーススピリッツ
　20ml　シェリー、ベルモット
　10〜20ml　柑橘（バランスによる）
　10〜15ml　シロップ（バランスによる）

「シェリー、ベルモット」がカクテルのフレーバーとなる部分。ここを複層的に表現したい場合は、複数のお酒を組み合わせてひとつのフレーバーとして構成する。今回でいえばキナ（苦み）、ペルノ（アニス香）、カリンのリキュール（フルーツ香）。それぞれの比率は、どのお酒の味を強く出したいか、もしくは酒精が高いものを考慮して考える。基本的にはメインフレーバー2：サブフレーバー1：アクセント0.5で組む。レシピからわかるようにリキュールの配分が多いので、シロップは酸味に対して半量に。アルコール総量が65mlで度数も高いので、レモンジュース20mlの酸味でしっかり包むというイメージ。そして最後のペイショーズビターズは全体に薄く香りをつける。これはフレーバーというより各パーツをつなぐイメージだ。

# ホワイト コンプレックス ネグローニ

## White Complex Negroni

20ml　ジン／ジーヴァイン フロレゾン　G'vine "Floraison"
10ml　ジン／ヘンドリックス　Hendrick's Gin
5ml　シャルトリューズ・ジョーヌ VEP　Chartreuse Jaune［リキュール］
5ml　スーズ　Suze［ゲンチアナリキュール］
10ml　グランクラシコビター　Gran Classico Bitter［ビターアペリティフ］
10ml　マンチノ ビアンコ　Mancino Bianco［ベルモット］
10ml　カペリティフ　A.A.Badenhorst Caperitif［ベルモット］
──　レモンピール


氷：ロックアイス
グラス：ロックグラス
作り方：ステア

すべての材料をプレミックスし、氷を入れたミキシンググラスに入れステアする。
氷を入れたグラスに注ぎ、レモンピールをひねって香りをふりかける。


ネグローニのバリエーションは専門書が出ているほど多岐にわたる。それだけ根強い
ファンが多いともいえる。ネグローニ好きな人が嫌うのは「苦くなく、水っぽく、弱
い」ネグローニだ。つまり、大事なことは味の骨格をしっかり維持し、各パートの味
をバランスよく調和させることである。

ホワイトネグローニのベースレシピは＜ジン 20ml ＋スーズ 20ml ＋リレブランまた
はドライベルモット 20ml ＞。ちなみに、ネグローニは（スタンダードもホワイトも）
三つのパーツ＜ジン＋カンパリ＋ベルモット＞で構成される。ホワイトネグローニの
各パートを複数のお酒でブレンドしたのがこのカクテルになる。ジンは、バラとキュ
ウリのエッセンスが入ったヘンドリックスと、フラワー系のアロマが強いジーヴァ
インをブレンドして、香りを増強しておく。ビターリキッドには通常スーズを使う
が、ここでは同じくリンドウの根の苦みをもったゲンチアナリキュールにオレンジ系
のビターリキュールであるグランクラシコを合わせ、さらに熟成したシャルトリュー
ズジョーヌで深みのあるハーブフレーバーを加えた。ドライベルモットには、フルー
ティー感がありバランスがよいマンチノを使い、引き締める役割でカペリティフを同
量入れている。それぞれが増強、補完する関係性の組み合わせにすることで、単種で
は出ない味を醸し出す。もちろん同じような考え方でいろいろなバージョンを無限に
作り出せる。

# ニューワールドオーダー

## New World Order

| 30ml | メスカル／ピエルデアルマス ラ・プリティータ・ベルダ |
|---|---|
| | Pierde Armas "La Puritita Verda" |
| 20ml | カンパリ Campari |
| 10ml | キナ ラエロ ドール Kina L'Aéro d'Or［キナリキュール］ |
| 20ml | レモンジュース |
| 15ml | オルジャートシロップ |
| 20ml | 卵白 |
| 3ml | ごま油 |
| 1/2tsp. | 竹炭パウダー |
| 30ml | 炭酸水 |
| —— | カシスパウダー、金箔 |

氷：なし
グラス：クープカクテルグラス
作り方：シェイク

炭酸水以外の材料をシェイカーに合わせてハンドブレンダーで攪拌する。氷を加えてシェイクし、ファインストレーナーで濾してグラスに注ぐ。炭酸水を注いで軽く混ぜる。表面にカシスパウダーと金箔をかける。

複雑性をテーマとしたカクテルの一つで、飲むといろいろなパーツの味が順番に口に広がる。元々はごま油のカクテルを作ろうというところからスタートしている。その香ばしさはカンパリの苦み、メスカルのスモーキーさと相性がよさそうだと見当をつけ、メスカルとカンパリで「味の核」を作り、ごま油を入れ、甘みと酸味をととのえて味の輪郭を整えた。薬用酒のキナラエロでさらに複雑性を加味し、全体の相性を考えて甘みにはオルジャートシロップを選んだ。
さらに竹炭を入れて真っ黒のカラーに。見ただけでは何の味かわからないようにした。世界各地のさまざまな素材を使い、混沌の中から新しい味が秩序のように出現するという意味をこめて、「ニューワールドオーダー（新秩序）」とした。
ごま油はカンパリ、パイナップル、りんご、カカオ、ホワイトチョコレート、キュウリ、チリ、クリームチーズ、アスパラ、トマト、ココナッツなどと相性がよい。焙煎度合いによって色と味に濃淡があるので、使い分ける。入れる量は1滴～最大でも3ml 程度まで。油なので、基本的にシェイク、またはブレンダーで乳化させ、分離しないようにして提供することが必須である。

# アロマスモーク・ガルガネッラ

## Aroma Smoke Garganella

20ml　トンカビーンズラム ※ p.256
20ml　ウッドランドビターリキッド［自家製エイジドカクテル］ ※ p.260
20ml　G4［自家製エイジドカクテル］ ※ p.260
20ml　カルパノ アンティカフォーミュラ　Carpano Antica formula［ベルモット］
──　スモークチップ、オレンジピール

氷：なし
グラス：ブランデーグラスまたはロックグラス（ロックアイス）
作り方：ステア

すべての材料をプレミックスし、氷を入れたミキシンググラスに入れステアする。デキャンタに移す。オークチップをスモークガンに入れて焚き、スモークをデキャンタに入れる。軽く揺すり、煙と液体をなじませませてからグラスに注ぐ。バーナーであぶりながらオレンジピールをひねって油分を飛ばし、香りをふりかける。

オールドファッションド、ネグローニ、サゼラックと同系タイプの、ストロングでリッチ、ビターなカクテルは、つねに人気がある。このカクテルの最大のポイントは、味の骨格を自家製の熟成ビターリキッドで作っていること。その場のブレンドでは絶対に作れないものを作ろうと考案をスタートした。
ウッドランドビターリキッド、G4 はともに、単体で飲めるエイジドカクテルとして作っていたもので、それだけ飲んでも十分に美味しい。二つを合わせて一つのビターリキッドとして扱ってみた。そのビターさに対して厚みのある、ある種の甘みがほしかったためベースはダークラムにし、さらにトンカビーンズをインフューズして香りに香ばしさと個性を補強した。カルパノは全体をほどよく伸ばしてまとめる役割を持つ。
スモークには「燻香をつける」ことに加え、「酸を加える」効果がある。煙は微妙に酸を含むからで、つけすぎると鉄っぽさが出てしまうので要注意（ちなみに甘みに対しては非常に吸着がよい）。最後に与えるスモークの香りと酸味が全体のアクセントになり、カクテルの甘み、苦みをより調和させる。

第4章 ｜ カクテルコレクション　2｜モダンシンプル＆コンプレックス

# 3 | シーズナル
Seasonal

季節に応じてこれほど多彩な果物や野菜が採れる国は他にないのではないか。ゲストの多くも、季節を感じる果物のカクテルを好む。青果にとって大切なのは、質、時期、管理。常に上質のものをベストの状態で使いたい。そしてそれぞれの特徴を多角的にとらえ、相性を考えてカクテルにしていく。シンプルなものも美味しいが、少しの工夫をしたもの、意外性のある組み合わせにこそ季節感を超えた Surprise のシーズンカクテルが生まれる。

# 青りんご&ホースラディッシュ
## Green Apple & Horseradish

30ml　ホースラディッシュウオッカ　※ p.246
15ml　洋梨フレーバーウオッカ／グレイグース ラポワール　Grey Goose La Poire
1/2 個　青りんご
15ml　レモンジュース
10ml　レモンバーベナ＆ディルコーディアル　※ p.264
5ml　グレープヴィネガーシロップ　Coco Farm & Winery "Verjus"

氷：かち割り氷
グラス：タンブラーなど
作り方：シェイク

青りんごの果汁をスロージューサーで搾り、他の材料とともにシェイカーに入れる。氷を加えてシェイクする。ファインストレーナーで濾しながらグラスに注ぐ。ディル、ピンクペッパーを飾る。


ホースラディッシュと青りんごは相性がよい。つなぎにクリームやココナッツなどを入れてみたりもしたが、しっくりこず、基本ベースはシンプルに仕上げている。洋梨のウオッカを加えたのはホースラディッシュ、青りんごの双方にとって相性がよく、つなぎになるから。ただ、ここまでは味は一面で、まだ立体的とは言えない。立体にするには余韻のバランスが必要なので、ホースラディッシュ、爽やかなりんごの味わいの間に入る部分としてレモンバーベナとディルで作ったコーディアルを、甘みと酸味のアクセントとしてグレープヴィネガーシロップを加えた。

第4章 │ カクテルコレクション 3 │ シーズナル

# わさび＆ピーチ
## Wasabi & Peach

35ml　わさびウオッカ ※ p.246
1/2個　白桃
適量　レモンジュース
適量　シュガーシロップ
──　カシスパウダー

氷：なし
グラス：カクテルグラス
ガーニッシュ：白桃のカット
作り方：シェイク

桃の皮をむいて適当にカットし、ティンに入れてペストルでつぶす。その他の材料と氷を入れてシェイクし、ファインストレーナーで濾しながらカクテルグラスに注ぐ。白桃のカットを添える。

桃は必ず常温に出しておく。冷蔵庫に入れると甘さが立ちづらい。果肉がやわらかい場合はペストルできれいにつぶして、少しかたい場合はハンドブレンダーで撹拌して、他の材料を加えていく。

レモン、シュガーシロップはあくまで淡い輪郭を出すためのもので、化石についた砂を刷毛で落とすように、少しずつ軽く加える。桃の果汁と甘みが足りない場合はわさびウオッカの量を10mlにして、プレーンウオッカを25mlにすると少し桃が前面に出て調和が取れやすくなる。すべてはわさび（辛さ）×桃（甘さ）のバランスで決まる。飲んだ時の味の広がり方としては、まずわさびの味がきて、その後に桃の味が広がり、またわさびが返ってくるという順番がベストバランスだと思う。

第4章 | カクテルコレクション 3 | シーズナル

## ブルーチーズ＆
## グレープフルーツ

Blue cheese & Grapefruit

| | |
|---|---|
| 30ml | ロックフォールウオッカ |
| | ※ p.250 |
| 60ml | グレープフルーツジュース |
| 10ml | レモンジュース |
| 10ml | アガベハニー |
| 30ml | 炭酸水 |
| —— | 塩 |

氷：かち割り氷
グラス：タンブラー
ガーニッシュ：レモンスライス
作り方：シェイク

材料をシェイカーに合わせ、氷を入れてシェイクする。ファインストレーナーで濾しながらリムに塩をつけたグラスに注ぎ、炭酸水を加えて軽く混ぜる。レモンを添える。

ロックフォールチーズを使った、ソルティドッグのアレンジ。ブルーチーズの使い方を探していたところ、柑橘との相性を見つけ、考案した。
ここでのブルーチーズの役割は塩気。強すぎるともちろんバランスが崩れる。全体のキーとなるのはアガベハニーの甘みである。チーズ系のカクテルの味の輪郭を際立たせるのは甘みで、しかしそこに多少の酸味がないと甘ったるくなってしまう。このカクテルではグレープフルーツのさっぱりした路線は維持しつつ、チーズの味が余韻に残るバランスにしたい。甘みを入れればチーズが立ち、柑橘を入れればグレープフルーツが立つ。この双方をグレープフルーツの味を見ながらととのえる。
さらにここに加える、または添えるとしたらくるみ、いちじく、洋梨がいい。フードに合わせるなら、リコッタチーズを使ったアペタイザー、桃をのせた生ハムなどは非常に相性がよい。

# キウイ＆柚子＆ディル
## Kiwi & Yuzu & Dill

- 30ml　ジン／ヘンドリックス
  Hendrick's Gin
- 1/2 個　キウイまたはゴールデンキウイ
- 30ml　シードリップガーデン
  Seedlip Garden 108
  ［ハーブウォーター］
- 5ml　柚子ジュース
- 5ml　シュガーシロップ
- 1 本　ディル
- 30ml　トニックウォーター
  Fever Tree
- ──　山椒パウダー、ディル

氷：なし
グラス：ワイングラス
作り方：シェイク

山椒パウダー以外の材料をティンに入れてハンドブレンダーで攪拌する。氷とともにシェイクし、ファインストレーナーで濾しながらグラスに注ぎ、トニックウォーターを注ぐ。表面に山椒のパウダーをふり、中央にディルを飾る。

「シードリップガーデン 108 を使ったカクテル」として考案したもの。シードリップガーデン 108 はさやえんどう、タイム、ローズマリー、ホップ、藁を使ったハーブウォーター。これだけでも十分複雑だが、深みが足りない。そこで、液体の厚みと全体核としてキウイを、アルコールの核としてジンを、アクセントとして柚子とディルを入れた。表面にふった山椒は、グラスに口をつけた最初に香り、そして飲み干すときに味の変化をもたらす。

トニックウォーターの量で味の強弱を調整できるようになっている。ジンをはずしてシードリップを 45ml にすればモクテル（ノンアルコールカクテル）に、ジンをドライベルモットに変えれば低アルコールのカクテルになり、ジンを増やしてトニックウォーターをスプマンテに変えればストロングバージョンも。ときどき、このようにいかようにも変化・対応できるレシピが生まれる。こういうのは本当に重宝する。

# リップドレッサー

## Rip Dresser

- 30ml ピスタチオウオッカ ※ p.257
- 15ml ウオッカ／グレイグース Grey Goose
- 20ml ラズベリーピュレ
- 2tsp. 冷凍ベリーミックス（ブラックベリー、レッドカラント、ラズベリー、ブルーベリー）
- 15ml バニラシロップ
- 20ml ココナッツウォーター
- 20ml 生クリーム
- —— ココナッツファイン、削ったチョコレートガナッシュ ※ p.268

氷：なし
グラス：クープカクテルグラス
作り方：ブレンダー

ガナッシュとココナッツファイン以外の素材をロングティンに入れ、クラッシュドアイス約20gを入れてハンドブレンダーで攪拌する。グラスに注ぎ、表面にココナッツファインとチョコレートガナッシュを削りかける。

テーマはピスタチオとベリーの組み合わせ。ベーススピリッツはピスタチオをインフューズしたウオッカで、それだけだと香りが強いのでプレーンウオッカを2：1で合わせている。ベリーは冷凍が望ましい。そのほうがテクスチャーが決まりやすく、クラッシュドアイスの量が少なくて済む。ピスタチオはオイリーで味が強いので、ピスタチオ1：フレーバー2のくらいで調合するのがよい。

表面に削るチョコレートには、自家製ガナッシュを使っている。クーヴェルチュールを直接削って使うと口溶けが悪いが、生クリームの入ったガナッシュは融点が低いので、カクテルと一緒に口に入った時に同時に溶けて一体になってくれる。唇にカクテルのパープル、ココナッツファインのホワイト、チョコレートのブラックと彩りが唇に移り色が変わっていくので、「リップドレッサー」と名付けた。

ピスタチオをしっかり感じられるカクテルは意外に多くない。しかしデザートでベリーとピスタチオのケーキはよく見かける。液化してカクテルとしてもベリーとピスタチオは相性がよく、飲むデザートのような構成でもあり、女性やカクテル初心者にもお勧めできる。

# 出汁＆パッションフルーツ
## Dashi & Passion

40ml　ウマミウオッカ　※ p.253
20ml　パッションフルーツピュレ
15ml　レモンジュース
10ml　シュガーシロップ
30ml　卵白
30ml　炭酸水
──　塩（フルールドセル）

氷：なし
グラス：白ワイングラス
作り方：シェイク

炭酸水と塩以外の材料をシェイカーに合わせてハンドブレンダーで攪拌し、泡立ててから、氷を入れてシェイクする。ファインストレーナーで濾しながらワイングラスに注ぐ。30ml ほど炭酸水を注ぎ、液面の中央に塩を一つまみのせる。


「出汁と果物」をテーマにしたカクテルの一つ。2 〜 3 口飲んだあとグラスを回すと、塩が溶けて味が締まり、全体の味わいが変化していく。「変化」がこのカクテルの大事なポイントで、それを左右するのはバランスである。ベースとなるウマミウオッカは、古枯れのかつお節、まぐろ節、昆布のミックス粉末をウオッカにインフューズしたもので、上質でクリアな旨みがあるが、パッションフルーツの酸味が強すぎるとこれが感じられない。そこで、ウマミウオッカの量を「定点」として、パッションフルーツはまず 10ml 程度（フレッシュであれば 1/3 個分）を加えて味のバランスをみる。出汁の味が強ければ、少しずつパッションフルーツを足し、「出汁の味を感じて 2 秒後にパッションフルーツが出て」くれば OK。これで、塩が溶けた時に、すべてが調和する。

第4章 カクテルコレクション 3｜シーズナル

# りんご&松茸

## Apple & Matsutake

40ml 松茸ウオッカ ※ p.253
1/3 個 りんご
10ml レモンジュース
8ml 出汁シロップ ※ p.262
—— 焦がし醤油パウダー ※ p.269

氷：かち割り氷
グラス：ゴブレットグラスまたはクープカクテルグラス（氷なし）
作り方：シェイク

りんごをすりおろして果汁だけ濾し、シェイカーに入れる。他の材料を加え、味を調整する。氷を入れてシェイクし、ファインストレーナーで濾しながら、リムに焦がし醤油パウダーをつけたグラスに注ぐ。

「出汁と果物」から派生したカクテル。出汁にはきのこ、魚介単体、野菜とさまざまな系統があり、それぞれの「うま味」をテーマとしてカクテルを試してきた。まず最終イメージを頭で描き、そこからさかのぼって味を構築していく作り方をする。かつお節と相性のよいものは？ きのこと相性のよいものは？と考え、頭の中で組み合わせて、事例や味のイメージができたら実際に作るってみる、という具合だ。
「松茸＋サムシング」のカクテルを考えた時はまず、焼いたり煮たりして美味しくなるものを想像した。松茸は焼くか、煮ることが多い。それなら、火を入れても美味しくなる果物類と相性がいいのではなかろうかと。りんご、パイナップル、オレンジがそれにあたるが、じつはどれもウマミウオッカ（p.253）とも相性がよかった。りんごはとくによく、松茸ウオッカで試したらこれも非常によかった。ただ、味が少し平面的すぎたので、アクセントとして松茸と相性のよい焦がし醤油をパウダー状にしてリムドした。塩気は必要だと思う。軽い泡にして上にのせるのもよい。エスプーマまでいくと泡が重いので、レシチンで作るあくまで軽い泡がよいと思う。

第4章 | カクテルコレクション　3 | シーズナル

# 金柑×玄米茶
## Kumquat ×Genmai Tea

40ml　玄米茶ウオッカ　※ p.254
2個半〜3個　金柑（宮崎産の大玉）
15ml　レモンジュース
5〜8ml　シュガーシロップ
──　玄米茶葉

氷：なし
グラス：抹茶椀
作り方：シェイク

材料をティンに合わせてハンドブレンダーで攪拌し、氷を入れてシェイクする。ファインストレーナーで濾しながら抹茶椀に注ぎ、中央に玄米茶葉を飾る。

金柑は皮の部分に油分を多く含み、ここが一番美味しい。ペストルでつぶすだけでは液体には抽出できないので、ブレンダーで攪拌する必要がある。相性がよいものはクリームチーズ、バニラ、ココナッツ、生姜、ハチミツ、オレンジ…、ホワイトチョコレートもよい。今回は玄米茶で合わせた。玄米茶はお茶というよりはローストした玄米の味が主体で、さまざまな果物と相性がいい。日本のお茶は煎茶、玉露、ほうじ茶と…あるが、その中で一番汎用性がある。
このレシピにクリームチーズを加えて甘みを足すと「金柑と玄米のチーズケーキ」のようなカクテルができる。金柑をりんご、桃、パイナップル、マスカット、いちじく、柿に変えても美味しい。

# パイナップル&蕎麦茶

Pineapple & Soba-cha
(Buckwheat tea)

| | |
|---|---|
| 40ml | 蕎麦茶ウオッカ ※ p.254 |
| 1/8個 | パイナップル（フレッシュジュース 45ml） |
| 10ml | レモンジュース |
| 5ml | シュガーシロップ |
| —— | 味噌パウダー ※ p.269 |

氷：なし
グラス：ワイングラス
作り方：シェイク

味噌パウダー以外の材料をティンに合わせてハンドブレンダーで攪拌し、氷を入れてシェイクする。ファインストレーナーで濾しながらグラスに注ぐ。このとき、果肉にしみこんだ分までペストルでつぶして絞り出す。カクテルの表面に味噌パウダーをかける。

蕎麦茶でフレーバーをつけた蕎麦茶ウオッカをベースに考案したカクテル。
蕎麦ウオッカにはローストしたナッツのような独特な香ばしさがある。ピスタチオやアーモンドと相性のよい素材なら、蕎麦茶ウオッカとも相性がよいことがわかっている。チョコレート、ベリー、ココナッツなどがそうで、蕎麦ウオッカと組み合わせてカクテルにすることができる。
では蕎麦茶の香ばしさと相性のよい果物は？　まず考えるのは、焼いて美味しいものは何か。ここでパイナップル、りんご、桃、が出てくる。とくによさそうなパイナップルを選び、シンプルにカクテルに仕立て、アクセントで味噌を加えて完成した。味噌は蕎麦味噌がある通り、蕎麦茶とも合い、パイナップルとも相性がよい。
味噌はカクテル自体に混ぜても作ってみたが、そうすると味のバランスが組みづらい。味噌パウダーは口に入った後、水分に溶けて時間差で塩気、旨みが広がるので味の狙いと強弱をコントロールできるので重宝している。個人的にはかなり多めに味噌パウダーをかけても美味しいと思う。

## ペルーシュ
### Peluche

- 35ml　ブラックペッパーバーボン ※ p.257
- 1/3 個　りんご
- 10ml　レモンジュース
- 10ml　バニラシロップ ※ p.262
- 1 スクープ　自家製フォアグラアイス ※ p.269
- ──　ブラックペッパー

氷：かち割り氷
グラス：アイリッシュコーヒーグラス
ガーニッシュ：りんごチップ 1枚
作り方：シェイク

りんごをスロージューサーで搾って果汁にする。フォアグラアイス以外の材料を
シェイカーに入れ、氷と一緒によくシェイクし、ファインストレーナーで濾しなが
らグラスに注ぐ。りんごチップをグラスにのせ、その上にフォアグラアイスをのせ、
挽いたブラックペッパーをかける。


フォアグラウオッカをエバポレーターで作ると、残留液にもまだしっかりとフォアグ
ラの成分が残る。スタッフのシニアバーテンダー佐藤由紀乃がこれを使ってアイスク
リームを作り、そのフォアグラアイスを活かすためにこのカクテルが生まれた。
フォアグラと相性のよいりんごをカクテルの味のベースにすることにした。ただし、
甘ったるいとフレーバーがぼやけてしまうので、ブラックペッパーのピリッとした辛
さでこの組み合わせを引き締める。ひと口飲んだ後にフォアグラアイスを食べると、
カクテルがソースのようないいアクセントになる。りんご×ペッパー、りんご×フォ
アグラ、フォアグラ×ペッパー、ペッパー×バーボン、バーボン≒バニラと、それぞ
れが好相性同士で完成されている。

第 4 章 カクテルコレクション 3 ｜シーズナル

# 4 | フードインスパイヤード
Food Inspired

「ある料理」をカクテル化したもの。料理、デザートは
アイディアの宝庫であり、すでに組み合わせがよいとい
う答えが目の前に揃っている。ゆえに多くの場合、料理
の構成要素を読み解き、カクテルとして「再構築」する
方法をとる。とはいえ、こう聞きたい人もいるだろう。
トムヤムスープやベーコンエッグを飲みたい人はいるだ
ろうか？——面白いものが好きな人は必ずいる。ゲス
トに非常に喜ばれるのがこのフードインスパイア系のカ
クテルなのだ。ただし、味をまとめるのが非常にむずか
しい。考案の流れや各素材の組み合わせをよく読んで、
どこが重要なのかをぜひ押さえてほしい。

# ミラネーゼフィズ

## Milanese Fizz

35ml　グリルドアスパラガスウオッカ　※ p.252
10ml　白トリュフウオッカ　※ p.252
20ml　生クリーム
20ml　レモンジュース
15ml　シュガーシロップ
30ml　卵白
40ml　炭酸水
──　ブラックペッパー


氷：なし
グラス：フルートグラス
作り方：シェイク


炭酸水以外の材料をすべてシェイカーに入れ、ハンドブレンダーで撹拌して泡立てる。氷を加えてシェイクし、ファインストレーナーで濾しながらグラスに注ぐ。炭酸水で満たし、表面に挽いたブラックペッパーをのせる。


「アスパラガスのミラネーゼ」をカクテルで表現した。ミラネーゼとはミラノ風という意味で、グリーンアスパラガスに目玉焼きをのせてパルミジャーノチーズをふりかけた料理のことだ。旬の時期には多くのイタリアンレストランで見かける。

このカクテルは、ラモンジンフィズをひな形としている。卵白、クリームの入ったジンフィズで、ニューオリンズでヘンリー・ラモスが作った。そのベースをジンから、アスパラガスと白トリュフウオッカを合わせたものに変えて作っている。二つがメインフレーバーだが、あくまでアスパラガスが主役で余韻に白トリュフが感じる流れにすると、この分量になる。

ミラネーゼの基本要素は「アスパラガス、卵、パルミジャーノ」だが、バランス上あえて「アスパラガス、白トリュフ、卵白」の組み合わせで構成した。白トリュフのフレーバーはいろいろなカクテルを少しゴージャスにしてくれる。この白トリュフウオッカはかなり香りが強いので、少量加えるだけでアクセントになる。ベース材料の白トリュフ入りハチミツでシロップを作って使うのもお勧めだ（白トリュフハニーシロップ p.263）。

# ホワイトトマトフィズ

## White Tomato Fizz

35ml バジルジン ※ p.247
35ml クラリファイドトマトジュース ※ p.267
10ml レモンジュース
8ml シュガーシロップ
20ml 卵白
40ml トニックウォーター Fever-Tree
―― オリーブオイル、ブラックペッパー

氷：なし
ガーニッシュ：ドライトマトチップ
グラス：サワーカクテルグラス
作り方：シェイク

トニックウォーター以外の材料をシェイカーに入れてハンドブレンダーで撹拌し、泡立てる。氷を加えてシェイクし、ファインストレーナーで濾しながらグラスに注ぐ。トニックウォーターで満たし、軽く混ぜる。表面にオリーブ油を数滴落とし、挽いたブラックペッパーをのせる。

「カプレーゼ」のカクテル版。フレッシュのトマトを使ってカクテルを作るケースはあったが、2012年はまだ透明なトマトジュースを使っているカクテルは珍しかった。これは、遠心分離機でトマトピュレから果肉を分離して透明な液体のみ取り出したもので、香りも味もフレッシュで美味しい。そのままシャンパンで割っても美味しいし、ヴァイツェン（ホワイトビール）と合わせて白いレッドアイにするのも簡単ながら美味しい。

このホワイトトマトフィズは、クラリファイド・トマトジュースとバジルジンとのバランス、卵白の量がポイントになる。バジルジンを40mlにするなら、トマトのリキッドもそのぶん多くないとバジルの味が勝ってしまう。同量がちょうどいい。フレッシュのバジルをそのままペストルでつぶして使う場合は、ベースをプレーンウオッカにするほうがバランスがよい。その場合は多少バジルの色素が出て色はグリーンになってしまうが、味は美味しく仕上がる。

ブラータなどのフレッシュチーズを使った料理、冷製のトマトパスタ、鰯のマリネとの相性は抜群によい。

## デリツィア・アル・リモーネ
### Delizia al Limone

| | |
|---|---|
| 35ml | カフィアライムリーフウオッカ ※ p.257 |
| 15ml | シャルトリューズ・ジョーヌ VEP Chartreuse Jaune［リキュール］ |
| 30ml | 生クリーム |
| 20ml | バニラシロップ |
| 20ml | 卵白 |
| 20ml | レモンジュース |
| —— | レモンゼスト |

氷：なし
グラス：カクテルグラス
作り方：シェイク

すべての材料をシェイカーに入れてハンドブレンダー、またはフローサーで攪拌する。氷を入れてシェイクし、ファインストレーナーで濾しながらカクテルグラスに注ぐ。表面にレモンゼストを削りかける。

デリツィア・アル・リモーネは、南イタリアのソレント半島一帯で生まれたデザート。リモンチェッロを染み込ませたスポンジとレモン味のクリーム、カスタードクリームが層になったこのレモンケーキを、カクテルとして再現しようと考案した。レモンとクリームの平坦な味にならないよう、カフィアライムやハーブフレーバーをブレンドして、なめらかさの中にもエッジの効いた味わいに仕上げている。
カフィアライム、シャルトリューズ、レモン、バニラの組み合わせは非常によいので、クリームなしでサワーカクテルにしても美味しい。ぜひ相性のいいチーズケーキやベリー系のケーキと一緒に合わせて飲んでほしい。
こういった古典デザートは、味わいの要素に"分解"してカクテルとして再構成すると面白く、ちゃんと美味しく仕上がる。古典的なティラミスしかり、ショコラオランジェしかり。パティシエの方々が作るデザートのレシピをトレースして分解してみるときっと面白い組み合わせが見つかる。

# ウィッチクラフト

## Witch Craft

- 35ml　カフィアライムリーフ粕取り焼酎 ※ p.257
- 20ml　マンゴーピュレまたはフレッシュのアップルマンゴー 1/4個
- 20ml　ピュアココナッツウォーター
- 10ml　ライムジュース
- 5ml　ココナッツシロップ
- 30ml　卵白
- 1/3tsp.　カレー粉
- ──　ブレンドチリパウダー、ブラックペッパー

氷：クラッシュドアイス（グラスに応じて変える）
グラス：ココナッツ殻ボウル（またはカクテルグラス）
作り方：シェイク

すべての材料をシェイカーに入れてハンドブレンダーで攪拌する。氷を入れてシェイクし、ファインストレーナーで濾しながらグラスに注ぐ。表面に、ブレンドチリパウダーとブラックペッパーを散らす。

テーマは、カレーフレーバーと果物。カレーを作る際、果物を入れて隠し味にしたりする。その場合、カレーが「主」で果物は「従」だが、ドリンクでは逆で考える。カクテルとして飲むときにカレーテイストが最初にくると多くの人はびっくりし、飲む気をなくしてしまうかもしれない。あくまでフルーティーなカクテルのミドルから余韻にかけてカレー（＝スパイス）が香る…という程度がベストバランスだと思う。
世の中にはかなり癖のあるブレンドスパイスがあるが、基本的には、一口目ではなく余韻にスパイス感が広がるように配合する。カレー粉はブレンドの一つの傑作なので、パイナップルでもマンゴーでも南国系フルーツはだいたい合う。さらにブレンドの個性によって、トマト、ココナッツ、りんご、バナナ、オレンジなどもよい。なお、カレー粉には増粘剤が入っている場合がある。事前にブレンドして冷やしておくとドロドロに固まってしまうので注意が必要だ。

# トムヤムクーラー

## Tom yum Cooler

| | | |
|---|---|---|
| 45ml | トムヤムウオッカ ※ p.252 | |
| 20ml | ライムジュース（入手可能ならカラマンシー 1：ライム 3 のブレンド） | |
| 15ml | タマリンドシロップ ※ p.262 | |
| 10ml | ホワイトバルサミコ | |
| 1dash | タバスコ | |
| 50ml | ジンジャービア Fentimans | |
| —— | レモングラス、糸唐辛子、コリアンダーリーフ、ドライトマトチップ | |

氷：クラッシュドアイス
グラス：ロングタンブラー
作り方：ビルド

タンブラーにジンジャービア以外の材料を入れてペストルでつぶす。ここでどれくらいつぶすかでコリアンダーの香りの強弱をコントロールする。クラッシュドアイスを詰めてジンジャービアを注ぎ、軽く混ぜる。レモングラス、糸唐辛子、ドライトマトチップを挿す。

「トムヤムクン」のカクテルといっても「トムヤム」風味のカクテルであり、クン（エビ）は入っていない。最初はトムヤムクンの構成要素をバラバラにして再構築しようと考えたが、すでに似たようなカクテルがあったので止め、トムヤムペーストをウオッカにインフューズするところから構成を始めた。トムヤム味のウオッカを作ってしまえば、あとはいかに「ごくごく」飲めるように爽やかに仕上げるかだ。料理をカクテル化する場合、味として飲みづらいとかなりの割合の人が「NG」となる。ゆえに、飲みやすさはとても重要だ。柑橘だけでは酸味が足りないのでホワイトバルサミコを加えて、酸味のエッジを立てた。シロップはレモングラス、カフィアライムリーフ、ジンジャーなどのフレーバーを検討したが、タマリンドが一番相性がよかった。やはり原産地が近いもの同士の相性は非常にいい。辛さはタバスコで。フレッシュのチリでも美味しい。アレンジとしてはココナッツジェラートを上にのせたり、ココナックリームを少量入れてもいい。
パクチー（コリアンダーリーフ）とトムヤムクンは、「好きな人は好き」というアイテム。このニッチ感にはまる人は必ずいる。パクチーが嫌いな人はバジルに変更で。

163

# ザ・ブレックファスト
## The Breakfast

| | |
|---|---|
| 45ml | スモークベーコンウオッカ ※ p.258 |
| 1個 | 全卵 |
| 20ml | フレッシュコーン（またはコーン）シロップ ※ p.263 |
| 20ml | クラリファイドトマトジュース ※ p.267 |
| —— | ブラックペッパー、パルミジャーノチーズ |

氷：なし
グラス：クープカクテルグラス、またはスープカップ
ガーニッシュ：和牛ジャーキー
作り方：シェイク

コーンシロップ以外の材料をシェイカーに入れ、ハンドブレンダーで攪拌して泡立てる。氷を入れてシェイクし、ファインストレーナーで濾しながらグラスに注ぐ。表面にブラックペッパー、パルミジャーノを削りかけ、ジャーキーを添える。

「ベーコンエッグ」を"分解"して、液体として再構築したカクテル。ベーコンはウオッカにインフューズ。卵はそのまま全卵で使用。コーンはシロップへ。トマトは透明ジュースにしたものを使用する。
スモークベーコンウオッカは、材料のベーコンによって風味が決まる。好きなものを選んでよいが、上質なものは脂に癖がなく風味がすっきりしているのであまり味が出ない。少しぐらい癖があるほうが香りが移りやすく、わかりやすい味になる。このレシピは、コーンシロップを 15ml にするとアルコールの角が立つ。20ml がちょうどいい。コーンシロップをメイプルシロップにしてもよい。

# 冷やし中華
## Cold Sesame Cooler

- 45ml　スープエッセンスウオッカ ※ p.253
- 1/4個　桃
- 3枚　キュウリのスライス
- 15ml　白ごまシロップ ※ p.263
- 20ml　レモンジュース
- 15ml　紅生姜シュラブ ※ p.265
- 50ml　ジンジャービア Fentimans

氷：クラッシュドアイス
グラス：ロックグラス
ガーニッシュ：紅生姜、キュウリ、白ごま
作り方：シェイク

ジンジャービア以外の材料をロングティンに合わせハンドブレンダーで攪拌し、氷を入れてシェイクする。ファインストレーナーで濾しながらグラスに注ぎ、クラッシュドアイスを詰めてジンジャービアで満たし、軽く混ぜる。

ある時、スタッフのバーテンダーである藤原君がラーメンカクテルを作りたい、と試行錯誤していた。ラーメンを"分解"し、豚骨ペーストベースでスピリッツを作るなど"再構築"をやっているが、うまくいかないと。そこで全部の材料を持ってきてもらい、組み立ててみたらなぜかラーメンではなく冷やし中華ができてしまった。冗談みたいな話だが、それでこのレシピが決まった。不定期だが、夏に提供している。レシピはトムヤムクーラー（p.162）をベースとしている。酸味、辛み、青みのバランスとしてはあのカクテルの比率は黄金比に近い。そこに当てはめただけで、桃を加えたのは藤原君のアイディアである。桃もキュウリ、ごまと相性がよい。

このカクテルの重要な点はまず藤原君が「ラーメンカクテルを作ろう」と決めたところだ。うまくいかなくても、まず明確なイメージと目標があれば、ピースがうまく重なるまで四苦八苦すれば、最終的にはうまくいく。そして思っても見なかった着地点（＝最終的なカクテル）ができることも、ときどきある。

第4章 カクテルコレクション 4｜フードインスパイヤード

## サワー・エッグノック
### Sour Eggnog

| 40ml | 奈良漬けウオッカ ※ p.254 |
| 1個 | 全卵 |
| 1tsp. | マスカルポーネチーズ |
| 15ml | 黒ごまシロップ ※ p.263 |
| 30ml | 生クリーム |
| 5ml | アガベハニー |
| —— | 奈良漬けパウダー、チョコレートガナッシュ |

氷：なし
グラス：竹のカップ
作り方：シェイク

すべての材料をティンに入れてハンドブレンダーで攪拌する。氷を入れてシェイクし、ファインストレーナーで濾しながらカップに注ぐ。表面に奈良漬けパウダーをかけ、チョコレートガナッシュを削る。

「奈良漬けウオッカ」を使ったカクテル。奈良漬けフレーバーにはさまざまな可能性がありそうだが、今回はエッグノックのベースに組み合わせた。しっかりと甘みも入れ、マスカルポーネチーズでコクを出してあげるとすべてがまとまる。
チョコレートと奈良漬けも相性がよいが、混ぜてカクテルにした場合、フレーバーが同化しすぎるきらいがあるので、別に分けることを考えた。仕上がりの表面に、奈良漬けパウダーと削ったチョコレートをそれぞれふりかけることにした。最初に奈良漬けの塩気がカクテルの甘みを引き立て、しばらくするとチョコレートも口に入って味が変わっていく。
奈良漬けは熟成したペドロヒメネスシェリーと非常によく合う。発酵食材同士は相性がよいケースが多い。味噌とチョコレート、ペドロヒメネスシェリーと酒粕チーズなども一例だ。およそカクテルに使わない材料もそうやって考えると可能性が広がっていく。

# ペアープディング

## Pear Pudding

| | |
|---|---|
| 40ml | 洋梨フレーバーウオッカ／グレイグース ラポワール<br>Grey Goose la Poire |
| 1/3個 | 洋梨（ル・レクチェ） |
| 20ml | アドヴォカート［卵リキュール］ |
| 20ml | 生クリーム |
| 15ml | バニラシロップ |
| 5ml | コニャック／ポールジロー 25年 Paul Giraud extra vieux |
| —— | カラメルソース、シナモンパウダー |

氷：なし
グラス：ボールグラス
作り方：シェイク

洋梨のカットをティンに入れてハンドブレンダーで攪拌する。カラメルソースとシナモンパウダー以外の材料と氷を入れてシェイクし、ファインストレーナーで濾しながら、カラメルソースを少量注いだグラスに注ぐ。表面にシナモンを削る。

「プリン」のカクテル。きわめてプリンに近い味で、洋梨とバニラ、クリームの組み合わせがこれを決めている。バニラシロップのかわりにシナモンシロップを使ってもいいし、コリアンダーシードやアニスを加えて少しスパイシーにしてもいいが、これくらいのわかりやすい味のほうがウケがいい。ポールジローは少量入れると深みが増す。カルヴァドスでもコニャックでも、超熟のもので、相性のよいものを選ぶといい。このレシピの洋梨を桃、メロンに変えて、ベースをプレーンウオッカに変えても非常に合う。

# ロックフォールコラーダ

## Roquefort Colada

35ml　ロックフォールラム　※ p.250
1/8 個　パイナップル
30ml　生クリーム
15ml　アガベハニー
──　キャラメルポップコーンクランチ

氷：なし
グラス：タンブラー
ガーニッシュ：ドライパイナップル
作り方：ブレンダー

すべての材料をティンに入れ、クラッシュドアイス約 50g と一緒にハンドブレンダーで攪拌する。グラスに注ぎ、キャラメルポップコーンクランチを散らし、ドライパイナップルを飾る。

「チーズと果物」がテーマのカクテル。ブルーチーズには、フルーツ香やスパイス香とともに、カビや鉄分の香りがあり、この塩気がしっかり効いた極めて個性的なキャラクターに果物がとてもよく合う。今回はパイナップルだが、洋梨、いちじく、桃、グレープフルーツ、カボチャなどもよく合う。

チーズのフレーバーカクテルを作る際は、そのセイボリー ( 塩味 ) 感が味のどの部分に現れるかを考える。最初の一口目か、余韻か。バランスのとり方には工夫が必要になる。とくに重要なのは甘さ（相性がいいのはやはりハチミツ類）のバランスで、甘さを加えるとなぜかチーズが際立って輪郭が出てくる。まず 30 ～ 40ml ほどチーズスピリッツを入れて、副材料とのバランスを見る。単体ではフレーバーは強いが、酒精はそこまで強くない。副材料に味が負けてしまっている場合は甘さを足して、チーズフレーバーが際立ってくるかどうかを確認する。加えて、塩を少量混ぜるか、塩分濃度 20%の塩水をごく少量足してみて、味が際立つかを確認する。この二つの方法でチーズがしっかり感じられるなら OK だが、感じられないようなら副材料とのバランスが悪いか比率が悪いので、副材料を変えるか、量を減らす。

# ブルーチーズマティーニ

## Blue cheese Martini

45ml　ロックフォールコニャック　※ p.250
15ml　ソーテルヌ　Sauternes［甘口白ワイン］
3ml　アガベハニー

氷：なし
グラス：カクテルグラス
ガーニッシュ：ブルーチーズ入りオリーブ
作り方：ステア

材料をテイスティンググラスに入れてアガベハニーをよく溶かす。味を確認してから、氷を入れたミキシンググラスでステアしてグラスに注ぐ。


見た目は通常のマティーニ。ところが口をつけると、ブルーチーズにハチミツをかけて食べているような気分になる。

ブルーチーズのフレーバースピリッツを作ったとき、いろいろと合わせてみたが、シンプルなカクテルや酸味とは相性がよくなかった。その後の試行錯誤の中で、甘みがチーズのテイストを持ち上げてくれることに気づかせてくれたのがこのカクテルだった。青カビ系のチーズとハチミツの相性のよさは有名だが、実際にハチミツ、アイスワイン、ソーテルヌ等をそれぞれ試してみた結果、ハチミツはステアでは溶けにくく、アイスワインは甘みが際立ちすぎ、ソーテルヌの切れのある甘さがちょうどバランスがよかった。ただ、それだけだとチーズとの調和が完璧とは言えなかったので、アガベハニーを少量足すと、きれいにまとまった。

ベースのスピリッツにはコニャックを使っている。当初はウオッカだったのだが、ある機会にヘネシーで作ってみたところ、味わいが格段に強く、美味しかったため。たしかにぶどうから生まれるコニャック、貴腐ぶどうのソーテルヌ、ハチミツ、チーズ…とそれぞれに相性がよく、トータルでより美しい調和になった。

第4章 | カクテルコレクション 4 | フードインスパイヤード

# ガストロショコラマティーニ

## Gastro Chocolate Martini

45ml　フォアグラウオッカ ※ p.250
120g　チョコレートガナッシュ ※ p.268
30ml　生クリーム（乳脂肪分 38％）
──　ナツメグ、スモーク

氷：なし
グラス：カクテルグラス、透明フィルム
作り方：シェイク

チョコレートガナッシュ、生クリームを耐熱容器に入れて電子レンジ（700w・30秒）で溶かす。フォアグラウオッカを入れてフローサーでよく攪拌し、なめらかに乳化させる。シェイカーに入れて氷とともによくシェイクし、ファインストレーナーで濾しながらグラスに注ぐ。表面にナツメグを削りかける、透明なフィルムパックでグラスごと包み、スモーカーの口をさしこんで煙を焚き込む。ゲストの前で封を開ける。

このカクテルの最大にして唯一のキーポイントは「フォアグラウオッカとチョコレート」の組み合わせ。もともとプレーンウオッカベースの「スモークチョコレートカクテル」というカクテルがあり、ある外国人ゲストからの「同じようにチョコレートと煙を使った、サプライズなカクテルを」というオーダーで即興で考えたものだ。フォアグラとチョコレートの組み合わせは、何かで事例を見て記憶の片隅にあった。実際に組み合わせてみると、ジャンドゥーヤのような独特なフレーバーが現れ、他にないテイストに仕上がった。フォアグラの香ばしさに似たフレーバー、チョコレートのなめらかさ、ナツメグのほのかなスパイシーさ、全体をまとめる煙のアクセント。チョコレートが好きであれば誰が飲んでも気に入る絶妙なバランスになっている。パンダンリーフのインフューズドウオッカを使うと少し近い味わいにできるが、この味はフォアグラウオッカを使わないと表現できない。

2013年の考案以来、シグネチャーカクテルとしてモスコミュールと並んで絶えずオーダーが止まないカクテル。

第4章 ｜ カクテルコレクション　4 ｜ フードインスパイヤード

# 5 コンセプチュアル
## Conceptual

コンセプトのあるカクテルのこと。メッセージ性が強く、飲む人にストーリーを伝える力を持つカクテルだ。コンセプトとはそのカクテルの「世界観」であり、レシピ、グラス、見た目、ネーミング…等、すべてに一貫する「発想や観点」を指す。コンセプトを考えることから始めてもよいし、ネーミングやグラスウエアから着想してスタートしてもよい。一つの世界観を生み出すには「企画力」と、それを伝えるために組み立てていく「構成力」が必要になる。企画力は柔軟な発想とインプットがあってこそで、そのためには多くの事例を知ることがとても大切。事例として本書のカクテルが参考になれば幸いだ。

# ソーイングメアリー

## Thawing Mary

20ml 蕗の薹ジン ※ p.247
15ml わさびジン ※ p.246
10ml レモンジュース
10ml 柚子ジュース
1 個 アメーラ［フルーツトマト］
適量 クラリファイドトマトジュース ※ p.267
—— 液体窒素、有機味噌、ミント

氷：なし
グラス：ダブルウォールグラス
作り方：シェイク

ティンにクラリファイド・トマトジュースと液体窒素を入れてスプーンでよく混ぜてパウダー状にする。その他の材料（味噌とミント以外）を別のティンに入れてハンドブレンダーで攪拌し、氷を加えてシェイクする。ファインストレーナーで濾しながらグラスに注ぐ。トマトパウダーをカクテルにのせ、スプーンにのせた味噌とミントの葉を添える。

コンセプトは、「雪解けの情景」。視覚的な演出と味わいの両立を狙ったカクテルだ。雪解けの頃に採れる蕗の薹フレーバーをベースに、わさびの爽やかな辛み、柑橘はレモンと柚子のブレンド、あとはトマトだけで、ブラッディメアリーを構成する。
ブラッディメアリーはバーテンダーにとってアレンジしやすい、したくなるカクテルで、常にアレンジのトレンドがある。ここ数年は、海外ではとくに複雑なスープのような味の、あるいは遠心分離やウォッシングを使った透明タイプが多かったが、これはそれとは別方向。日本のトマトはしっかりと甘く美味しいので、それを活かし、過剰なスパイスは控えて、味噌とミントをアクセントにして別添えした。飲みながら少し口に含むと味噌の塩気とミントの清涼感が非常にマッチする。味噌とミントは意外だが、一緒に食べると相性がよい。
液体窒素で作ったトマトパウダーには三つの役割がある。①口当たりのアクセント。②保冷効果。③白い煙で靄を表現する視覚効果。グラスの下には炒り番茶を敷き詰めて落ち葉のような印象にした。

第4章 ｜ カクテルコレクション 5 ｜ コンセプチュアル

# ジャンマリファリナ

## Jean-Marie Farina

| 20ml | ジン／スターオブボンベイ Star of Bombey |
| 3枚 | キュウリのスライス |
| 30ml | マンチノビアンコ Mancino Bianco ［ベルモット］ |
| 15ml | スーズ Suze ［ゲンチアナリキュール］ |
| 10ml | サンジェルマン St.Germain ［エルダーフラワーリキュール］ |
| 15ml | レモンジュース |
| 5ml | シュガーシロップ |
| 2drops | ローズウォーター |
| 50ml | トニックウォーター Fever-Tree |
| —— | 羽、タイムの枝 |

氷：クラッシュドアイス
グラス：トールタンブラー（写真はジャーカップ）

キュウリのスライスをティンに入れてペストルでつぶし、トニックウォーター以外
の材料と氷を加えてシェイクする。ファインストレーナーで濾しながらグラスに注
ぐ。クラッシュドアイスを詰め、トニックウォーターを注ぎ軽く混ぜる。

ジャンマリファリナとはフランスで長い歴史を誇るオーデコロンの名前。花、ハーブ、
シトラスが合わさったその爽やかな香りをカクテルの味で再現した。「味の具現化」
というコンセプトのもと、「香りを味で再構築」したカクテルだ。
再構築の道筋は、まず香りをよく嗅ぐ。①香水箱に入った状態で。②実際につけて。
③時間差で確認。④他の人につけてもらって。この4段階で感じた材料を書き出し
ていく。リンドウの香り、ベルモットに似たハーバルフレーバー、シトラス香を何度
も感じ、①ではとくにリンドウを感じた。すぐにベルモットとスーズが確定、フロー
ラル要素としてバラとエルダーフラワーを選んだ。百合など白系の花もよい。そこか
らそれぞれの相性のよいものとして、ボディの補強にジン、味のつなぎにキュウリを
加えた。飲みやすさにはソーダ、トニック、サイダー、シャンパンを考えたが、トニッ
クが一番相性がよかった。でき上がってみれば全材料が相互に好相性となっていた。
仕上がりに、ジャンマリファリナの香水を染み込ませた羽をグラスにのせる。口を近
づけると、飲む前にふわっと香りが漂い、この「たち香（オルソネーザル）」と「口
中香（レトロネーザル）」が脳内で混ざり合い、香りが「味」として認識される。
調香師は、イメージから香りを創り出す。香水のパーツ一つ一つから味を組み立てて
いくのは、天才調香師の軌跡をトレースするようでとても面白く、その応用には無限
の可能性がある。気を付けるべきは香料を飲んでいるような味にしないこと。ケミカ
ル感が出ると一気にカクテルとしての味が落ちる。

第4章 カクテルコレクション　5｜コンセプチュアル

# インモラリティ ザ モンク

## Immorality the Monk

40ml　サンダルウッドジン　※ p.248
1/3 個　青りんご
15ml　サンジェルマン　St.Germain [エルダーフラワーリキュール]
15ml　レモンジュース
──　タイム、柚子ピール、ウッドチップ（サンダルウッド）

氷：かち割り氷 1 個
グラス：銅製カップ
作り方：シェイク

青りんごをスロージューサーで果汁にしたものと、他の材料をティンに合わせ、氷を加えてシェイクする。ファインストレーナーで濾しながら氷を入れたカップに注ぐ。柚子ピールをひねって香りをふりかけ、タイムを飾る。銅の建水（茶こぼし）の中にサンダルウッドを入れて火をつけ、蓋をして銅のカップをのせる。

僧侶がさぼって境内の裏に隠れてお茶を飲んでる、と思いきや酒だった…というストーリーがコンセプトのカクテル。「不道徳な僧侶（の美味しい秘密の酒）」というネーミングにした。
フレーバーには、寺院に縁がある香木の白檀（サンダルウッド）を選んでいる。非常に香り高く、ウイスキーの白州などにも感じることができる。白檀には白木のような涼やかなイメージがあり、同じ印象を抱かせる白系の花や、ハーブ、緑黄色系の果物から相性を見つけやすい。今回はエルダーフラワーを使ったが、花であれば控えめでやさしい香りがよいと思う。ラベンダーやバラのような強い香りはバッティングする可能性がある。あくまでメインは白檀で、香りの補完としてエルダーフラワーを加え、青りんごで全体を伸ばしてまとめている。柚子も各パートと相性がよいが、ここで液体として加えると複雑になりすぎるので、ピールを使い、香りだけを加味している。白檀を知らない人もいるので、まず白檀の香りを嗅いでから飲んでもらう。

第4章　カクテルコレクション　5｜コンセプチュアル

# インディアインク
## India Ink

    40m　黒ごまウオッカ　※ p.249
    20g　チョコレートガナッシュ　※ p.268
    1g　抹茶
    15ml　パッションフルーツピュレ
    30ml　生クリーム
    20ml　黒ごまシロップ　※ p.263
    ――　抹茶、生クリーム、金箔


氷：なし
グラス：カクテルグラスまたは抹茶碗
作り方：シェイク


チョコレートガナッシュを生クリームとともに耐熱容器に入れて電子レンジ
（700w・30秒）で溶かす。氷を加えてその他の材料とともにシェイカーに入れ、
フローサーでしっかりと抹茶を溶かす。氷を加えてシェイクし、ファインストレー
ナーで濾しながらグラスに注ぐ。表面に生クリームと金箔と抹茶で水彩画のような
絵を描く。


「水墨画」をコンセプトに。カクテルの表面に水墨画のような情景が広がり、口の中
でもさまざまな味わいが流れるように広がる…というイメージを描いてスタートし
た。まずは、「酸味のある抹茶チョコレート」を味の出発点に。チョコレート、抹茶、
パッションフルーツをキーアイテムに決め、アクセントにごまを選んだ。あとはこの
個性の強い組み合わせのパワーバランスを調整すれば、誰がどこに出てくるかをコン
トロールできる。上記のレシピだと飲む人によって多少の個人差はあるが、最初はパッ
ションフルーツ、チョコレートがきて、次第に抹茶、ごまと続いていくようになる。
チョコレート系のカクテルを作る場合、もはやチョコレートリキュールは使用せず、
たいてい自家製のガナッシュを使っている。チョコレートはカカオ成分 50 〜 68% ま
でが使いやすい。これより高いと味のバランスがむずかしくなる。ホワイトチョコレー
トは乳化しづらいので、使う際はブラックの倍の時間をかけて混ぜて、しっかりと乳
化するように気をつける。

# イミテーションエール

## IPA & IWA

### IPA & IWA

[IPA イミテーションペールエール]

30ml　ミルクウォッシュ
　　　　ホップジン　※ p.258

5ml　　グリルド柚子ジン　※ p.258

20ml　カペリティフ
　　　　A.A.Badenhorst Caperitef
　　　　[ベルモット]

10ml　ビガレット・シナシナ
　　　　Bigallet China-China
　　　　[ビターリキュール]

10ml　卵白

90ml　炭酸水

[IWA イミテーションホワイトエール]

30ml　ミルクウォッシュ
　　　　ホップジン　※ p.258

30ml　ミルクウォッシュリキッド
　　　　※ p.267

30ml　グレープフルーツジュース

10ml　卵白

90ml　炭酸水

氷：なし
グラス：ゴブレットグラスまたは短
めのハーフパイントグラス
作り方：シェイク

炭酸水以外のすべての材料をティン
に入れて、氷とともにシェイクす
る（シェイクの前に泡立てる必要な
し）。ファインストレーナーで濾し
ながらグラスに注ぐ。炭酸水で満た
し、軽く混ぜる。

「ビールを使わないビール＝イミテーション」がコンセプト。ビールの味の核は、ホップである。現在のクラフトビールもしかりで、発酵や熟成の具合で味の方向性はかなりコントロールできるとはいえ、やはりスタート地点はどのホップを使い、どうやってそのホップの香りをブレンドまたは活かすかである。私が使っているホップは数種あるが、メインはカスケードという、アロマホップの代表品種で、味はフローラルかつシトラスなアロマが特徴的だ。また他の品種にはグラス（草）っぽいもの、南国系の果実香が強いものなどある。ザーツというチェコの伝統的なアロマホップも花や果実のアロマが素晴らしく広がる。より苦くしたい場合はビターホップ（α酸が高いもの）、香りを優先したい場合はアロマホップ（α酸が低いもの）が選ぶとよい。

ビールの味を作るには、その「苦み」をどう作るか、いかに複合的に再構築するかということに尽きる。IPAに関してはとくにホップの苦みとフルーティーさの複合である。昨今ビールの味はカクテルのようだと言われるが、それほど複雑で味が多岐にわたる。

IPA（イミテーションペールエール）用に使っているカペリティフは、キナのほか多数のハーブをブレンドした南アフリカのベルモット。これをビガレット・シナシナと合わせて、ホップだけではない苦みとアロマを構成する。グリル柚子ジンは焼いた柚子を漬け込んだジンで、少量だけアクセントで使っている。これは個人的な好みで、苦みと焼いた柚子の香りを全体に忍ばせたかったから。泡の表現には卵白を使うが、サワーカクテルのように丸1個だとか30ml以上を使う必要はない。そもそもミルクホップジン単体に含まれるたんぱく質で多少泡立つようにできている。

炭酸はしっかりと入れたほうがよい"炭酸感"が出てよりビールらしく感じる（泡が繊細すぎないほうがよりビールらしい）。それでも、飲むとドラフトビールよりも後味がさっぱりとしているのは、ドラフトビールのように炭酸ガスが溶け込んでいるわけではなく、たんに炭酸水を加えただけのため。カクテル本体の泡は卵白でできていて、炭酸ガスは含まない。そのため、飲んでもビール独特の喉ごし感はないが、逆にすっきりして後を引かない。ビールを飲むとお腹がいっぱいになる、飲み疲れることをこのカクテルは解消してくれる。「まさにビール」なフレーバーを、爽やかに、繊細に楽しむ1杯だ。

IWA（イミテーションホワイトエール）は応用レシピで、その他にチョコレートエール、チェリービール、パッションフルーツビール、蕗の薹ビールなども作れる。構成上の留意点は、メイン＝ホップスピリッツ、フレーバー＝IPAではカペリティフとキナキナ、IWAではミルクウォッシュリキッドとグレープフルーツジュース、アクセント＝グリルド柚子…のように、カテゴリーを分けて順序立てて組み立てていくことである。

第4章　カクテルコレクション　5｜コンセプチュアル

# フォーシームス

## Four Seams

45ml　ヒノキウオッカ　※ p.248
20ml　レモンジュース
15ml　黒ごまシロップ　※ p.263
40ml　卵白
──　味噌パウダー、出汁塩、ゆかり

氷：なし
グラス：一合枡
作り方：シェイク

すべての材料をティンに入れてハンドブレンダーで攪拌し、泡立ててから氷を入れてシェイクする。ファインストレーナーで濾しながら枡に注ぐ。それぞれの角に味噌パウダー、出汁塩、ゆかりを少量ずつのせる。表面にナスタチウムをのせてローズウォーターを一滴落とす。

「一つのカクテルで四つの味を表現する」。枡を使ったカクテルを作ろうとしたことが始まりで、「角に置いた塩を舐めながら飲む」桝酒のスタイルを発展させ、「カクテル＋三種のシーズニング＝四つの味」というコンセプトが生まれた。枡が素晴らしいのは、液体がその高さとぴったりと揃うと表面が非常にきれいに見えること。三つの角に置くスパイスはそれぞれ味の個性が異なるものとし、ベースのカクテルは複雑にしすぎないようにする。そのほうが味の変化がわかりやすい。ベースのお酒と、スパイスとの組み合わせで多様なバリエーションができる。現在 No.1 から No.8 まで 8 パターンがある。以下にもう一例を紹介する。

Another Recipe

[ パターン no.8]
40ml　カフィアライム獺祭粕取り焼酎　※ p.257
15ml　パッションフルーツピュレ
10ml　柚子ジュース
10ml　レモンジュース
10ml　レモンバーベナ＆ディルコーディアル　※ p.264
40ml　卵白
──　カシスパウダー、ココナッツフレーク、チョコレート

第4章　カクテルコレクション　5｜コンセプチュアル

# 6 | お茶のカクテル
Tea cocktail

お茶は日本人にとって文化である。農産物であり、侘び
寂びの精神性であり、時に政治でもあった。お茶自体は
12世紀に碾茶の製法と喫茶法が中国から伝わり、16世
紀に茶の湯が完成し、江戸時代中期に煎茶が、末期に初
めて玉露が完成する。お茶を飲むという行為に独自の世
界観をもつのが日本の茶道、煎茶道である。お茶のカク
テルにはお茶の歴史、道、文化をしっかりと勉強したう
えで臨みたい。お茶にお酒を混ぜてカクテルにするとい
うことは、新しくお茶の価値を見出すことである。お茶
の性質を考え、クラシック、ミクソロジー、ティーテー
ルと3つのアプローチで考えたので、参考にしていただ
きたい。

# 「お茶のカクテル」と「ティーテール」

日本の味覚文化を投影したカクテルを創作するうえで、「お茶」の可能性は無限大である。2017年、銀座にお茶のカクテルをテーマにした店舗、Mixology Salon を開業した。

お茶という目標を立ててから、さまざまな茶葉の産地、成分、製法や品質、淹れ方を学び、香りと味わいのニュアンスを感じながら、方法論を探った。まずは、お茶のカクテルとは何なのか。最初に3つのジャンルに整理した。

①茶葉、抹茶を使った、クラシックカクテルのアレンジ。例）玉露のマティーニ（右頁）、ローステッドマンハッタン（p.196）
②茶葉、抹茶を使った、ミクソロジースタイルのお茶のカクテル。例）リリー＆ゴールド（p.206）
③淹れたてのお茶そのものを使ったカクテル＝「ティーテール」。

①と②に関しては、これまで培ったテクニックを応用できる。まずは茶葉の性質を理解し、その個性のどの部分を生かしたいかをイメージして、アルコールとの組み合わせ、フレーバーの相性を探っていった。試行錯誤を繰り返して完成させた「玉露のマティーニ」は、象徴的な存在だ。抹茶とパッションフルーツ、ほうじ茶といちご、玄米茶と金柑などの好相性も発見し、茶葉の特性と相性を知ることによって、より意外性のある組み合わせも生まれた。

カクテルメイキングとしての新しいチャレンジは、③である。お茶のカクテルを専門とする以上、淹れたてのお茶のニュアンス、香り、味わいの繊細さをカクテルに表現したかった。ただ、お茶というものは非常にボディが繊細で、アルコールを入れると味がたちまち崩れてしまう。ここが最大の着目点であり、大事にしなければいけないポイントだった。通常のカクテルの考案方法だと、ベースアルコール30〜50mlで、ベースの味を作る。しかし、お茶にそんなにアルコールを入れると途端に味が消える。であるならば、「一般的なアルコール分量にとらわれないこと」から始めた。お茶をまずワイングラスに注ぎ、ひたすらに香りを嗅いだ。そしてその香りのニュアンスに近い素材、または相性がよさそうな素材を選ぶ。つぎにその素材を1ml単位で少しずつ加えていった。お茶の味わいを保持しつつ、かつ加えたアルコールの香りと味が混在する"点"を探した。そうやって作ったのが、「梨山ティーテール」「焙じティーテール」「ジャスミンティーテール」（p.200〜205）のレシピである。

玉露マティーニ

第4章　カクテルコレクション　6｜お茶のカクテル

# 玉露マティーニ
## Gyokuro Martini

40ml 　玉露ウオッカ　※右頁
10ml 　極み玉露ウオッカ　※右頁
10ml 　リレブラン　Lillet Blanc［ワインリキュール］
3drops 　ソーテルヌ　Sauternes［甘口白ワイン］

氷：なし
グラス：カクテルグラス
ガーニッシュ：ラロッカグリーンオリーブ
作り方：ステア

すべての材料をテイスティンググラスに入れて事前になじませておく。氷を詰めた
ミキシンググラスに1周回しながら注ぎ、ステアしてグラスに注ぐ。

玉露の特徴は、圧倒的なうま味の強さにある。緑茶に含まれるテアニン（アミノ酸）
の含有量が最も多いのが玉露であり、その味はまさに "うま味の塊"。出汁を連想さ
せる。この味をどう表現するかが、"玉露のカクテル" 考案上の最大の鍵だった。
出発点は、ベーススピリッツとなる玉露ウオッカを作ることだった。かなりの試行錯
誤があり、まずテアニンがしっかり感じられる量として1本のウオッカに何gの玉露
が必要なのか、がわからなかった。玉露は高価なので、お茶として使う量を基準に考
え、1本につき約10gを漬け込んでスピリッツを作った。それではテアニンをあまり
感じなかったので、徐々に増やして30gまでいったとき、これ以上コストをかけて
もいい結果になると想像できなかった。何かが違うと。そして抽出方法を一変し、エ
バポレーターを使って玉露50gとウオッカを蒸留したところ、ようやく納得のいく
味ができた。ここで大事なのは、玉露に「量」と「質」が必要であること、漬け込み
だけではテアニンが抽出できないという事実である。ただし、お茶において蒸留がす
べて有効というわけではない。煎茶、ほうじ茶は漬け込み式のインフュージョンのほ
うがより味がはっきり出る。
玉露ウオッカの完成が、このカクテルの出発点になった。合わせるベルモットは、ハー
ブやスパイスフレーバーが強いドライベルモットでは玉露のテアニンの邪魔になる。
「うま味を後押ししてくれる」イメージを求め、ぶどうの甘みとフレッシュ感が甘さ
が感じられるリレブランを選んだ。少量だけ加えるソーテルヌは、うま味に少しのアク
セントを与えてくれる。玉露の芳醇な香りをストレートに生かしたいので、レモン
ピールは必要ない。オリーブは塩気として相性はいいが、味への影響は最小限にした
いため、別添えにする。
このカクテルの完成が、ティーテール専門の店舗 Mixology Salon の開業を後押しし
たといっても過言ではない。私のティーテールの原点といえるカクテル。

Key ingredients

［玉露ウオッカ］
玉露の茶葉（上級ランクのさえみどり、ごこう推奨）50g
ウオッカ／グレイグース　Grey Goose　700ml
ミネラルウォーター　150ml

玉露の茶葉とウオッカをフラスコに入れ、蒸留する。気圧は 30mbar、ホットバスは 40℃、回転数は 50 〜 120rpm、冷却水は－5度で設定。500ml を抽出したら取り出し、ミネラルウォーター 150ml で加水してボトリングする。保存は常温。

［極み玉露ウオッカ］
伝統本玉露の茶葉（最高ランクのさえみどり、ごこう推奨）50g
ウオッカ／グレイグース　Grey Goose　700ml
ミネラルウォーター　150ml

手順は同じ。

# 煎茶ジントニック
## Green Tea Gin Tonic

30 〜 40ml  煎茶ジン ※下記
80ml　トニックウォーター Fever-Tree

氷：面取りした氷 3 個
グラス：タンブラー
作り方：ビルド

面取りした氷をグラスに入れる。炭酸水をさっと氷にかけて捨てる。煎茶ジンを氷
に一周回しかけてから氷の隙間に注ぎ、トニックウォーターも氷に当てないように
注いで、対流で混ぜる。最後に軽くステアして仕上げる。

シンプルなカクテルが一番煎茶の味を伝えられ、味わえる。
煎茶の茶葉には茶農林に登録されてる品種だけでも 50 種以上あり、その他特殊配合
など入れると 100 種類を超える。煎茶ジンにはおもに、さえみどり、やぶきた、つ
ゆひかりを使用している。さえみどりは発色がよく、甘みとボリュームがしっかり出
る。やぶきたは国内の煎茶の 8 割以上を占めるポピュラー品種で、気に入った銘柄
の釜炒り茶を選んで使っている。つゆひかりは重すぎず、爽やかな味わいに仕上がる。
レシピには最初はライムも入れていたが、その後、入れない形に落ち着いた。玉露に
も言えることだが、煎茶と柑橘の相性はあまりよくない。柑橘の鋭角さが苦みになっ
て表われてくる。夏であれば 5ml 程度入れて、その苦みによる爽やかさを楽しむと
いう方向性もあるが、基本的には入れないほうが煎茶のそのものの味がダイレクトに
口に広がって、美味しい。

## Key ingredients

[煎茶ジン]
深蒸し煎茶（さえみどり）の茶葉 13g
ジン／ボンベイサファイア Bombay Saphire Gin  750ml

煎茶の茶葉をジンに漬け込んで一晩置いておく。翌日茶漉しで濾してボトリングす
る。冷凍保存。ジンはボンベイサファイアジンのほか、茶葉に応じて六、タンカレー
を使用している。フレーバーが強すぎるジンは合わない。シトラス香が効きすぎて
いるのも NG。茶葉は季節に応じて、釜炒り茶や普通の煎茶も使う。

# ローステッドラムマンハッタン

## Roasted Rum Mantattan

45ml　ほうじ茶ラム　※下記
5ml　コニャック／ダニエルブージュ XO　Daniel Bouju XO
15ml　カルパノ　アンティカフォーミュラ　Carpano Antica formula ［ベルモット］
5ml　カルパノ　プントエメス　Carpano Punto e Mes ［ベルモット］

氷：なし
グラス：カクテルグラス
ガーニッシュ：チェリー（グリオッティンまたはブラックチェリー）
作り方：ステア

材料をテイスティンググラスに入れて事前になじませておく。氷を詰めたミキシンググラスに1周回して注ぎ、ステアして、グラスに注ぐ。

ほうじ茶を使ったマンハッタンカクテルのアレンジ。ほうじ茶は深炒りを使う。ベースのロンサカパラムの厚みある甘みにほうじ茶の苦みとロースト香が合わさり、絶妙な味になる。これだけでも美味しいが、さらに味に奥行きを付けるために熟成の長いコニャックを加えた。"ブラックコニャック"とも呼ばれるダニエル・ブージュはウッディで、ほうじ茶のロースト香と相性がよい。
通常のマンハッタンのレシピと同様、ベルモットは2種類使い、複雑さを出す。単純なほうじ茶テイストのマンハッタンではなく、その余韻にさまざまなフレーバーがからみ合うように組み合わせる。チェリーとも相性がよいので、2個ほどつけて食べながら飲んでもらってもいい。チョコレートとも相性がよい。ボンボンショコラを食べながらシガーとこのカクテルがあれば、至福のマリアージュを味わえる。

Key ingredients ⋯⋯⋯⋯⋯⋯⋯⋯⋯⋯⋯⋯⋯⋯⋯⋯⋯⋯⋯⋯⋯⋯⋯⋯⋯⋯⋯⋯⋯⋯⋯⋯⋯⋯⋯⋯⋯⋯⋯⋯⋯

［ほうじ茶ラム］
深煎りほうじ茶（茶葉）13g
ラム／ロンサカパ 23 年　Ron Zacapa　750ml

ほうじ茶の茶葉をラムに漬け込んで一晩置いておく。翌日茶漉しで濾してボトリングする。常温保存（バーボンで作る場合も同じ分量で作る。渋みの少ない、バニリンの多いバーボンを選ぶ）。

第4章 カクテルコレクション 6 お茶のカクテル

# グリーンティーファッションド

## Green Tea Fashioned

30ml バーボン／メーカーズマーク レッドトップ Maker's Mark Red Top
15ml ウイスキー／コバル Koval
5ml 黒蜜
1.2g 抹茶
0.2ml ボブス チョコレートビターズ Bob's Chocolate Bitters
0.2ml ボブス バニラビターズ Bob's Vanilla Bitters
—— 金箔

氷：ロックアイス1個
グラス：オールドファッションドグラス
作り方：シェイク

材料をすべてシェイカーに入れてフローサーでしっかりと攪拌する。氷を入れて
シェイクし、ファインストレーナーで濾しながらグラスに注ぎ入れる。氷の表面に
金箔をのせる。

抹茶を使ったオールドファッションド。良質な抹茶はテアニン（アミノ酸）の含有量
が多く、うま味が凝縮されている。グレードが下がると苦みや渋み（カテキンが多い
ので）をともなってくるが、ただそれが悪いわけではなく、カクテルによって甘みが
強い抹茶、渋みも含む抹茶、と使い分けることが重要だ。とはいえ、お稽古用の抹
茶等の簡易タイプは使わない。このカクテルには、できるだけグレードの高いもの、
30g およそ 3000 円を目安に使う。発色がよく、甘みが強いものがいい。量もたっぷ
りと、1 杯に 1.2g を使用。量を少なくしたりグレードを下げると、途端に安っぽい抹
茶の味になる。抹茶の味をしっかりと感じて、濃厚に仕上げると、口当たりも余韻も
まったく違うものになる。
ベースのウイスキーにはバーボンで、あまり樽香が強くなく、渋みが少ないものを選
んだ。抹茶と相性のよいウイスキーとは何かを考えると「バニラ香」「樽香がおだや
か」という 2 点に尽きる。あまりに樽が効きすぎると、抹茶を渋く感じてしまう。バー
ボンが持つバニラやカカオフレーバーは抹茶と相性がよい。
日本のウイスキーとして山崎を使うなら、かなり甘みが強くなるので、黒蜜を少し減
らして 3ml くらいにするといい。抹茶にはスモーキーフレーバーも意外と合うので、
少量だけアイラをブレンドしても美味しい。甘みは黒蜜のほかバニラ、メイプルシロッ
プでも合う。ビターズは好みで。抹茶と相性のよいカルダモン、オレンジビターズで
も面白い。
なお、抹茶を混ぜる時は茶筅を使うのもありだが、常温で溶けにくいのでしっかりと
攪拌すること。

ほうじ茶ティーテール

ジャスミンティーテール　　　　　梨山茶ティーテール

# ほうじティーテール

## Roasted Teatail

60ml　ほうじ茶 *
8ml　　クレームドカシス フィリップドブルゴーニュ Philippe de Bourgogne
　　　　[カシスリキュール]
10ml　ダウズ 1985 Dow's Port［ポートワイン］
5ml　　コニャック／ダニエルブージュ XO Daniel Bouju XO

氷：なし
グラス：ワイングラス（チューリップ型ブルゴーニュ）
作り方：ステア

ほうじ茶を淹れて急冷する。ワイングラスにダニエルブージュを注ぎ、グラスの内側に塗るようにグラスを回しておく。氷を入れたミキシンググラスにほうじ茶とその他の材料を入れ、ステアする。ゆっくりとグラスに注ぐ。

［ほうじ茶の淹れ方］※カクテル用なので濃いめに淹れる。
ほうじ茶の茶葉 4g
沸かした湯 80ml/95℃
抽出時間：2分間
　1. 急須に沸かした湯を入れ、捨てる。
　2. 茶葉を入れて湯 80ml を注ぐ。
　3. 2分後に容器に注ぐ。
　4. 同量の湯を注ぎ、次は抽出時間 1分で容器に注ぐ。

ほうじ茶は香ばしさが特徴だが、ローストの濃淡の具合で味が変わる。その点はコーヒーに近い。カクテルに応じて使い分けているが、ここで使っている茶葉は深炒りタイプ。組み合わせもこの茶葉ベースに考えた。
ほうじ茶にはいくつかの味の方向性がある。一つはチョコレートやバニラなどの味の方向。もう一つはアプリコットやいちじくが合うフルーティーな方向性だ。今回は前者を想定してブレンドを考えた。チョコレートそのものとのブレンドも非常によいのだが、ここでは「チョコレート×ベリー」からの連想で、ほうじ茶にベリーを組み合わせた。甘ったるいベリーカクテルや酸味の効いたカクテルではなく、少しビターで大人らしい味わいだ。
ポートワインは軽めのものだと厚みが出ないので最低 20 年以上の熟成がほしい。
チョコレートとの相性がよいので、チョコレートのシフォンケーキやバラのフレーバーのボンボンチョショコラとのペアリングを勧めたい。

# ジャスミンティーテール
## Jasmin Teatail

[ レシピ1 ]
50ml　ジャスミン茶 *
10ml　サンジェルマン　St.Germain [エルダーフラワーリキュール]
20ml　ミルクウォッシュリキッド　※ p.267
10ml　洋梨フレーバーウオッカ／グレイグース ラポワール　Grey Goose la Poire
5ml　カルヴァドス／ルモルトン 1972 Lemorton

氷：なし
グラス：ワイングラス（チューリップ型ブルゴーニュ）
作り方：ステア

ジャスミン茶を淹れて急冷する。ワイングラスにルモルトンを注ぎ、グラスの内側
に塗るようにグラスを回しておく。氷を入れたミキシンググラスにジャスミン茶と
その他の材料を入れ、ステアする。ゆっくりとグラスに注ぐ。

[ レシピ2 ]
40ml　ジャスミン茶 *
30ml　天吹生酛 純米大吟醸
10ml　サンジェルマン　St.Germain [エルダーフラワーリキュール]
10ml　ミルクウォッシュリキッド　※ p.267

氷を入れたミキシンググラスにすべての材料を入れ、ステアする。グラスに注ぐ。

[ ジャスミン茶の淹れ方 ]
ジャスミン茶葉 2g
沸かした湯 80ml/95℃
抽出時間：3分間
　1. 急須に沸かした湯を入れて捨てる。
　2. 茶葉を入れて湯を注ぎ、捨てる。
　3. 湯を80ml注ぎ、蓋をして、その上からも沸かした湯を急須にかける。
　4. 3分間待ち、容器に注ぐ。同様にして3煎目まで淹れる。

緑茶の芽の部分のみから作られた贅沢なジャスミン茶を使用している。2種類のブレ
ンドで、雲南省の自然栽培茶園の茶葉はしっかりとした味わいと濃厚な余韻が特徴。
福建省の茶葉はまろやかでやさしい口当たり。苦みがほとんどなく、香りは非常に新
鮮で、格別な味わいがする。ジャスミンティーテールには複数種類のレシピがあり、

代表的な二つを紹介する。

一つはジャスミン茶と相性のよいエルダーフラワー、乳酸テイストのミルクウォッシュリキッド、それを包むルモルトンの組み合わせ。もう一つはジャスミン茶と大吟醸の組み合わせだ。双方に共通しているのは緑黄系に由来する香り。吟醸香にはメロンのようなフルーティーさとフローラル香があり、花とは非常に相性がよい。ジャスミン、エルダーフラワーとも合う。これを包む香りにはコニャックよりも、りんごや洋梨から作られるカルヴァドスが合う。

# 梨山ティーテール
## Li-shang Teatail

60ml　梨山茶 *
10ml　ピーチリキュール／マリエンホーフ　Marienhof Pfirsich Likör
5ml　アルマニャック／ドメーヌ ボワニエル "フォルブランシュ" 1995
　　　Domaine Boignères Folle Blanche

氷：なし
グラス：ワイングラス（チューリップ型ブルゴーニュ）
作り方：ステア

梨山茶を淹れ、ティンなどの容器に入れる。氷水につけて急冷する。ワイングラスにドメーヌボワニエルを注ぎ、グラスの内側に塗るようにグラスを回しておく。氷を入れたミキシンググラスに梨山茶とピーチリキュールを入れ、ステアする。ゆっくりとグラスに注ぐ。

［梨山茶の淹れ方］
梨山茶葉 2g
沸かした湯 70ml/95℃
抽出時間：3 分間
　1. 沸かした湯を急須に入れ、捨てる。
　2. 茶葉を入れ、湯を約 50ml 入れて、すぐに捨てる。
　3. 湯 70ml を入れ、蓋をして、急須の上からまた湯を注ぐ。
　4. 3 分間待ち、容器に注ぐ。3 煎目まで同様に淹れていく。

梨山茶は台湾烏龍茶の最高峰のお茶である。標高 2400m 級の高山で栽培され、高山植物の生育環境で育つことで、フローラルで非常にフルーティーな香り成分を含む茶葉となる。この香りにはやはり白系の果物を合わせたい。マリエンホーフの天然桃の

リキュールは梨山茶のフルーティーさを増強してくれる。ドメーヌボワニエルはカクテルに混ぜず、ごく少量を直接グラスの内側に塗りつける。その役割は、超熟アルマニャックならではの芳醇な香りで、梨山茶と桃のカクテルをラッピングすること。名前だけ見ればカクテルでは到底使えないハイエンドなお酒だが、わずか5mlなので使用は可能だ。軽やかさの中で香りのバランスをとるティーテールならではの特徴ともいえる。

香りの立ち上がりや時間による変化を楽しむには、ブルゴーニュタイプのワイングラスが最適だ。まずはグラスに静かに鼻を近づけ、アルマニャックの芳醇な香りを感じてもらう。そのままゆっくりと一口目を。つぎに、グラスを回して内側についた香りをいったん離散させ、漂っていたアルマニャックの香りを液体に混ぜる。すると、二口目から味わいが変わる。あとは時間とともに、香りと味わいが変化するのを楽しみながら飲んでもらう。飲み終わるまでに4～5種類の味わいを変化楽しめる、万華鏡のようなカクテルである。茶葉・ベースのスピリッツ・香りを演出する超熟酒の組み合わせによって、無数に作り出すことができる。

# リリィ＆ゴールド

## Lilly & Gold

| | |
|---|---|
| 35ml | ウオッカ／グレイグース Grey Goose |
| 1.0g | 抹茶 |
| 20ml | パッションフルーツピュレ |
| 30ml | ココナッツウォーター |
| 10ml | バニラシロップ ※ p.262 |
| —— | 金箔 |

氷：なし
グラス：カクテルグラス
作り方：シェイク

材料をすべてシェイカーに入れてフローサーでしっかりと攪拌する。氷を入れてシェイクし、ファインストレーナーで濾しながらグラスに注ぐ。表面に金箔をのせる。


あるジュエリーメーカーのブティックオープニングパーティ用に考案したカクテル。「銀座をテーマにしたクテル」というお題だった。銀座は古くは銀の鋳造を担い、近代以降はつねに日本の最先端が集まる場所だ。守るべき伝統と新しい時代のトレンドが混在する街。その流れを汲み、抹茶という伝統的な日本のお茶を使って、新しい味を表現することで銀座を表現しよう、と考えた。

抹茶とパッションフルーツの組み合わせは、ショコラトリー「ES KOYAMA」の小山進シェフのボンボンショコラに発想をもらって。ココナッツウォーターとバニラで甘さのニュアンスのバランスをとった。抹茶と酸味の組み合わせはとても面白い。ただし、苦みが強いものは合わない。抹茶が弱い、あるいはパッションフルーツが強すぎると酸味が突出して、抹茶が消える。バニラが強すぎると甘みが強くもったりした印象になる。この相互のバランスが非常に大事なのである。

これを飲んだフランス人ゲストの言葉──「5月の百合の香りがする」から Lilly、伝統が新しく光り輝くという意味で Gold と名付けた。レシピからウオッカをはずすとノンアルコールカクテルとしても提供が可能。

第 4 章 | カクテルコレクション 6 | お茶のカクテル

# ベイクドマンゴー
# コラーダ

## Baked Mango Colada

| 40ml | 加賀棒茶ラム |
| | ※ p.259［ほうじ茶ラム参照］ |
| 1/4 個 | アップルマンゴー（熟成具合によってマンゴーピュレを10〜15ml 足す） |
| 15ml | カカオニブ＆バニラシロップ |
| | ※ p.264 |
| 30ml | 生クリーム |
| —— | ココナッツファイン |

氷：なし
グラス：ダブルウォールグラス
作り方：ブレンダー

すべての材料をティンに入れ、クラッシュドアイス約20gとともにハンドブレンダーで攪拌する。グラスに注ぐ。表面にココナッツファインをのせる。

ほうじ茶（加賀棒茶）とマンゴーを使った、ピニャコラーダのアレンジ。ほうじ茶、マンゴー、バニラの組み合わせは、ほうじ茶のコンビネーションの中でも群を抜いて素晴らしい。デザートにしても、スムージーにしても、キャンディにしても皆が好きな味になる。ほうじ茶は深煎りか中煎りがよい。使うベーススピリッツはロンサカパだけではなく、他のダークラム、ゴールドラムにして個性が変わっても美味しく仕上がる。

# 抹茶の
# ゴッドファーザー
Matcha God Father

- 10ml　ウイスキー／白州 ノンエイジ
- 10ml　アマレット
- 3ml　黒蜜
- 2g　抹茶
- 60ml　お湯（60℃）

氷：なし
グラス：抹茶椀
作り方：茶筅

白州、アマレット、黒蜜をグラスに入れてプレミックスする。抹茶椀にお湯を入れて捨てる。茶濾しでふるって玉をなくした抹茶、お湯を抹茶椀に入れて茶筅で点てていく。2回に分けてプレミックスを入れて抹茶を点てる。

Mixologyグループのクラシックマスターバーテンダー、伊藤学考案の「抹茶を使ったクラシックカクテル」の一つ。ゴッドファーザー自体はリッチでアルコールもしっかりしたカクテルで、普通に抹茶を入れても美味しいが、点てた抹茶を混ぜて作ることでウイスキーとアマレットの香りが非常にやわらかく感じられる。度数が下がって飲み口はよくなりつつ、ゴッドファーザーらしさはしっかり感じられる。

ご覧のとおり見た目は抹茶だが、飲むとほどよいウイスキーのコクと、アマレットの甘さが抹茶に包まれて口いっぱいに広がっていく。コツはしっかりと抹茶を点てること、抹茶以外は事前にプレミックスしておくこと。提供時には飲み頃の、ホットカクテルともいえない絶妙な温度で口に入ってくる。使う抹茶は旨みがしっかりあり、苦みが少ないもののほうが合う。

抹茶のカクテルはシンプルなほうが、お茶の味わいがストレートに感じられて美味しいと思う。

第4章 カクテルコレクション　6｜お茶のカクテル

# 梨山茶&シャインマスカット
## Li-shangTea & Muscat

40ml　梨山茶ウオッカ ※ p.255
4粒　シャインマスカット
10ml　レモンジュース
8ml　シンプルシロップ
20ml　梨山茶（95℃の湯で淹れて急冷したもの。淹れ方 p.204 参照）

氷：なし
グラス：ワイングラス
作り方：シェイク

すべての材料をティンに入れてハンドブレンダーで攪拌する。氷を入れてシェイクし、ファインストレーナーで濾しながらグラスに注ぐ。

台湾の高山烏龍茶、梨山茶は柑橘系のフルーツを感じさせる癖のない芳醇な香りと、渋みをいっさい感じさせない味わい深い甘みが特徴である。このカクテルのフレーバーの主体はマスカット。その周りに梨山茶のフレーバーが漂うようなイメージで作る。ポイントはお茶を少量加えること。このお茶を95℃の湯で丁寧に淹れて急冷する。こうすると非常にお茶の味が強くなる。お茶単体ではそこまで強くないのだが、これを10〜20ml加えるとカクテルに骨格がつき、マスカットの味わいにきりっとした輪郭が立ってくる。

このことは、他の台湾烏龍茶にも言える。ちなみに、焙煎の強い蜜香烏龍茶は桃、りんごと相性がよい。阿里山茶はミルクのような乳酸香を感じ、1tsp. のミルクウォッシュリキッドを加えるとグッと強調されてバランスがとりやすくなる。台湾茶も幅が非常に広く、深い。焙煎の違い、茶葉の品種違いから系統立てて試すとよい。

第4章 | カクテルコレクション 6 | お茶のカクテル

# 玉露コース
## Gyokuro Course

■玉露1煎目
茶葉　8g
お湯　25ml/40℃
抽出時間：3分間
グラス：リキュールグラス

茶葉を宝瓶に入れて、お湯を注ぎ3分間待つ。最後に1滴までグラスに注ぐ。約10mlほど。


■玉露2煎目＝カクテル
お湯　70ml/55℃
抽出時間：3分間

60ml　玉露茶
10ml　ピリテリー ゲヴュルツトラミネール Pillitteri Gewurztraminer［アイスワイン］
5ml　ウイスキー／ラフロイグ・アンカンモア Laphroaig An Cuan Mòr

グラス：ワイングラス

玉露の2煎目を淹れて急冷する。ワイングラスにラフロイグを入れ、内側に塗るようにグラスを回しておく。氷を入れたミキシンググラスに玉露茶とアイスワインを入れて、ステアする。ゆっくりとグラスに注ぐ。


■玉露3煎目
お湯　120ml/80℃
抽出時間：2分間
燻製牡蠣醤油　適量
グラス：玉露茶碗

宝瓶にお湯を注ぎ、2分間待ち、茶碗に注ぐ。茶葉は取り出して小皿に盛り、燻製牡蠣醤油を適量かけて食べてもらう。


お茶を勉強するにあたっては櫻井焙茶研究所（表参道）の櫻井真也氏に多くを教えていただいた。櫻井氏の玉露の提供方法を参考にして、途中にカクテルを挟んだ三煎の

コースとして提供する。

最初は雫茶（うま味茶とも呼ばれる）で玉露の甘みをしっかりと感じていただく。玉露をごく少量のぬるま湯で3分間かけて抽出し、味わうもので、飲むというよりは舌の上で感じるという表現のほうがしっくりくる。お茶とは思えないほどの強い、うま味の凝縮が味わえる。

2煎目は1煎目よりは湯量も増やし、温度も上げる。そうすることでカテキンも多少抽出され、味わいが変わる。この2煎目をカクテルにする。これには本当に苦労した。ジン、ラム、ウイスキー、ベルモット、リキュールなど何を足しても玉露の旨さが表現できない。玉露のテアニンは他を弾くような感じで、よその甘みを受けつけず、一方アルコール感は玉露の味を阻害し、それを隠そうと酸味を入れると玉露の味が消える、という繰り返しだった。いろいろと試すなか、玉露の香りに磯や海苔に通じるものを感じ、そのニュアンスにはラフロイグのアンカンモアが一番近い感じがした。他のアイラウイスキーも試したが、アンカンモアを少量だけ加えて飲んだのが一番よかった。ただ、あと一つ何か足りない気がして、いろいろと探した。ソーテルヌを加えたが少し違う。ピリテリーのアイスワインを少量加えたところ、この甘みだけはテアニンと相性がよく、無事に完成した。

飲み方はまず、香りをかいでアイラのスモーキーさを感じ、それからゆっくりと飲んでもらう。香りとは正反対の爽やかな味わいに驚くはず。その次にグラスを回して香りを一度離散させ、漂っていたラフロイグも液体に混ぜる。そうすると二口目から味わいが変わる。あとは時間とともに味わい、香りが変化するのを楽しみながら飲んでもらう。

3煎目は80℃のお湯で淹れ、なじみのあるお茶で〆る。最後に、燻製の牡蠣醤油を少量たらして茶葉そのものを食べていただく。お茶にはビタミン13種類中の12種類が含まれるが、その半分は水溶性ではないため飲んでも摂取できない。食べることで全ビタミンを摂取するのは、昔からの茶葉の楽しみ方。

# 7 | コーヒーカクテル
## Coffee cocktail

コーヒーカクテルは長くアイリッシュコーヒーとエスプレッソマティーニだった。しかし、スペシャルティコーヒーが流れを変えた。コーヒーにもワインのような複雑性があり、フルーティーさがある。この多様性からどんなカクテルが作り出せるか、バリスタ界では研究と発信が盛んで、「コーヒーカクテルこそコーヒーの第4ウエーブ」とさえ言われている。バーテンダーにとって産地、焙煎、保存、抽出によって個性が変幻するコーヒーを自在に扱うことは非常にむずかしいが、そこには大きな未来と可能性がある。ここで紹介するのは、数年かけてバリスタの方々の協力を得ながら作ったコーヒーカクテル。組み合わせには外れはない。派生はいかようにも可能だ。

# アイスペリゴールコーヒー

Ice Perigord Coffee

| 10ml | フォアグラウオッカ ※ p.250 |
| 10ml | トンカビーンズラム ※ p.256 |
| 5ml | バニラシロップ |
| 60ml | コールドブリューコーヒー（エキッセエチオピアイエロー） |
| 40ml | 生クリーム（6分立てにする） |

氷：なし
グラス：ワイングラス（チューリップ型ブルゴーニュ）
作り方：ステア

生クリーム以外の材料をミキシンググラスに入れて軽く混ぜる。氷（キューブアイス）を2個入れてゆっくりステアする。冷やし過ぎないように10回程度で止め、ワイングラスに注ぎ。ゆっくりとクリームをフロートする。


アイリッシュコーヒーのコールドバージョンとして考案。
サードウェーブコーヒーが登場以来、コーヒー単体の香りの豊潤さや広がりはワインに近いものを感じる。ただ、熱を加える製法のためどうしても酸化が早く、コーヒーを飲む時点では香りのポテンシャルを100%楽しめていない気がする。しかし、淹れたてのスペシャルティコーヒーを55℃ほどまで下げてワイングラスで香りをかぐと、華やかな百合、あふれる果実香を感じる。この感動をどうしても表現したくてこのカクテルを考案した。お酒はあくまでコーヒーのアクセントのナッツフレーバーとしてブレンドした。コーヒーの邪魔をせず、味に添うイメージ。しかも変化がある。表面のクリームは6分だてほどのゆるい状態で表面の半分ほど覆うくらいにフロートさせる。これで表面が酸化するのを少し防ぎ、同時に香りをワイングラス内部に漂わせることができる。

アイリッシュコーヒー、エスプレッソマティーニに続くコーヒーカクテルの代表格はなかなか現れない。コーヒーはどんどん繊細になっているが、カクテルとして調合するとその繊細さは損なわれるというというジレンマがあり、スペシャルティコーヒーカクテルには悩まされる。ただ、その先に大きな可能性があると誰より信じている。大事なことはエスプレッソ、ハンドドリップ、コールドブリューコーヒー、アレンジコーヒーのどれを使うか。そして、どの要素として使うか。元来コーヒーはフレーバーが強いので、メインとしてのポジションに置くことが多いが、じつはアクセントにもなりうる。豆によっても違う。これからどんどんコーヒーカクテルは登場するだろう。ただ、複雑すぎるものは淘汰され、シンプルなものが残る。

# ペアーインザコーヒー

## Pear in the Coffee

40ml　洋梨フレーバーウオッカ／グレイグース ラポワール　Grey Goose La Poire
15ml　コールドブリューココナッツコーヒー　※下記
20ml　洋梨のピュレ（または洋梨 1/5 個）
10ml　レモンジュース
8ml　シナモンシロップ　※ p.261

氷：なし
グラス：カクテルグラス
作り方：シェイク

すべての材料をシェイカーに入れてハンドブレンダーでよく撹拌する。氷を入れ、シェイクする。ファインストレーナーで濾しながらグラスに注ぐ。

[コールドブリューココナッツコーヒーの淹れ方]
コーヒー豆 20g
ココナッツウォーター 330ml（Royal Perl の製品を推奨）

ミルミキサーで中挽きに挽いたコーヒー豆を、ココナッツウォーターとともに水出し用のコーヒー抽出器にセットする。約 10 時間かけて抽出する。または豆とココナッツウォーターを混ぜて冷蔵庫に約 12 時間置く。その後コーヒーフィルターで濾す。保存は密閉容器、冷蔵保存。4 日間保存可能。品質保持は 3 日間。

「スペシャルティコーヒーならではのきれいなフレーバーを余韻で感じながら飲むカクテル」。今までのコーヒーカクテルは、コーヒーのロースト香を主体にしたものがほとんどだが、これはスペシャルティコーヒーのフルーティーなフレーバーが主役。果物の中に潜んでいるような味、にしたいと思った。
相性の候補としてラズベリー、バナナ、アプリコット、桃、マンゴーなどで作ってみたが、洋梨がとくによかった。洋梨、コーヒー、シナモン…相性がよさそうだとすぐにわかる。洋梨のプディングやタルトを食べながらコーヒーを飲むのは素晴らしく美味しい！　あとはバランスだ。エスプレッソは強すぎる。コールドブリューコーヒーは若干フレーバーが弱いので、ベースの水をココナッツウォーターに代えて作ったらこれが素晴らしく美味しかった。ココナッツウォーターは、パールロイヤルというブランドが東南アジアで飲むフレッシュのものに一番味が近い。そしてその甘みとコーヒーの酸味とのバランスを考えて、コーヒー豆を選ぶ。レシピのコーヒーの量はカクテルを口に含んで約 3 秒以降にコーヒーの味が出るように組んだ。この量を前後させると、出てくる味のボリュームも前後する。

# カフェコラーダフィズ

## Café Colada Fizz

45ml　ラム／ディプロマティコ・レセルバ　Diplomatico reserva
1/8 個　パイナップル
1shot　エスプレッソ（酸味の強いタイプ）
10ml　バニラシロップ
20ml　ココナッツウォーター
50ml　炭酸水

氷：かち割り氷
グラス：ロングタンブラー、またはティキカップ
ガーニッシュ：チェリー、ドライパイナップルチップ、ミント、粉糖
作り方：シェイク

エスプレッソを淹れて急冷する。炭酸水以外の材料をティンに入れてハンドブレンダーで攪拌する。氷を入れてシェイクして、ファインストレーナーで濾しながらグラスに注ぐ。炭酸水で満たして軽くステアする。カクテルピンに刺したチェリー、ドライパイナップルを添える。ミントをのせて粉糖をかける。


ピニャコラーダのエスプレッソバージョン。ベースはピニャコラーダで、エスプレッソを加え、炭酸も入れて、夏の暑い日に外で飲みたいような1杯に仕上げた。ベースのラムをホワイトにするともっと爽やかになり、スパイスドラムにするともっと複雑になる。エスプレッソはこのレシピの中で苦みだけではなく、酸味も担当している。甘みとのバランスを考えて豆、抽出方法を選ぶ。酸味のほどよくしっかりしたほうが、他の材料の甘みとバランスが取れて美味しい。
よりピニャコラーダらしい味わいにしたい場合はココナッツウォーターをココナッツミルクにするといい。濃厚で美味しいカフェコラーダになる。

第4章 ｜ カクテルコレクション 7 ｜ コーヒーカクテル

# メキシカンエスプレッソフリップ
## Mexican Espresso Flip

45ml　テキーラ／ドンフリオ・レポサト　Don Julio reposado
1shot　エスプレッソ（アラビカ種、ヘビーロースト）
15ml　フランジェリコ　Frangelico［ヘーゼルナッツリキュール］
15ml　ギネスシロップ ※ p.263
1 個　卵黄
100ml　ピルスナーまたはエールビール
──　ナツメグ


氷：好みでかち割り氷
グラス：アンティークコーヒーカップまたはクープカクテルグラス
作り方：スローイング

エスプレッソを淹れて急冷する。ピルスナー以外の材料をティンに入れてハンドブレンダー（または卵黄攪拌棒）でよく攪拌する。ビールを注ぎ入れ、6 回ほどスローイングして、グラスに注ぐ。ナツメグを削る。


フリップカクテルはスピリッツまたはワインに砂糖と卵を入れたカクテル。ポートフリップ、ブランデーフリップなど多様なバリエーションを持つ。古くは「ラム、砂糖、ビールを加えたものに熱した鉄の棒を入れて加熱する」と書かれた 1695 年のレシピが残っているが、その後、ビールがなくなり、卵が加えられていったようだ。ジェリートーマスの『バーテンダーズガイド』（1862 年）では、フリップの基本は（カクテルを）二つの容器の間を前後に繰り返し注ぎ（いわゆるスローイング）、好みに合わせて甘味と香辛料でなめらかさを出すこと、としている。現在は、鉄棒を入れて加熱する方法、スローイングともに他のカクテルにも応用されている。

このカクテルもそのアイディアや材料を組み替えた作った、ビアフリップのアレンジになる。スピリッツ、卵、ビール、砂糖はそのままで、アレンジとしてエスプレッソを加えている。実際は、フレーバーとしてもっとも強いエスプレッソを中心に材料を選んでいった。相性のよいヘーゼルナッツ（フランジェリコ）、コクのあるギネスシロップ…と決まり、ベースは熟成タイプのテキーラにした。飲んだあとのミドルからラストにかけてテキーラの余韻が残る。しっかりとした味の層を作るのが狙い。複雑味と厚みがあることがポイントで、熟成ポートやラム、コニャックなどでもよいと思う。

ビールは何種類か試したがピルスナーが一番軽く飲めてよかった。スタウトにするとかなり重厚になり、IPA だと苦みが強調される。ベースに卵、エスプレッソと入っているので、フワッと軽く仕上げたほうが最後まで重すぎずストレスなく飲める。

# アイスバーグ・コーヒー

## Iceberg Coffee

15ml　メスカル／ピエルデアルマス エスパディン Pierde Armas Espadin
15ml　サンジェルマン　St.Germain［エルダーフラワーリキュール］
5ml　アガベハニー
120ml　コールドブリューコーヒー（コスタリカ、エルバス・イエローハニー）
30ml　生クリーム

氷：かち割り氷
グラス：ロングタンブラー
作り方：ビルド

生クリーム以外を順々にグラスに入れる。軽くステアする。好みでクリームを入れる。

アイスコーヒーのようなカクテルがなかったので考えてみた。見た目もほぼアイスコーヒーだ。

このカクテルの前提にお茶を使ったカクテルがある。煎茶やほうじ茶を使う時、いかにその繊細さを保つかを考えるとアルコールは少量に抑えないといけない。そしてそのお茶の味に添う、または増幅させる組み合わせを探す。その調和がスムーズであってこそ、アルコール感が抑えられる。

まず、ベースのコーヒーの香りをよく嗅いで相性を探ることから始め、候補を一つずつ確かめ、行き着いたのがメスカル。さらに元来この豆が持っているフローラルさの相性としてサンジェルマンを加えた。これ以上、たとえ低アルコールでもビターズ等を加えるとバランスが崩れるので、材料はこの三つだけ。味のボリューム、アルコール感の抑制、コールドブリューコーヒーの酸味に対するバランスとしてアガベハニーを加えて完成とした。甘みはバニラ、ナッツ類でもよいと思う。クリームは入れるとなおまろやかになるし、見た目もアイスコーヒーらしくなってよい。夏に向く。

なお、イエローハニーとは、コーヒーの生産処理方法の一つ。収穫されたコーヒーチェリーをパルパーで果肉除去した後、発酵工程をおかずミューシレージ（粘着質）が残った状態で乾燥工程に入る。この方法によってミューシレージの甘みが豆に移り、ウォッシュドコーヒーでは得られにくい蜂蜜を思わせる独特のボディや香りが楽しめる。

第4章 ｜ カクテルコレクション　7｜コーヒーカクテル

# 8 | 國酒のカクテル
## Japanese spirits & sake

今、国産の日本酒、蒸留酒が目覚ましい多様性を見せている。日本酒は製法はもちろん、テロワール志向や自然農法にも関心が広がり、蒸留酒ではとくにジンが劇的に増えた。本書で注目しているのが焼酎、泡盛。今や全国で、米、芋、麦、その他多種多様な材料が用いられている。これほど幅広い味わいを表現するスピリッツは他に例がない。近い将来、焼酎は必ず世界のバーシーンでカクテルベースとして使われるだろう。本書には一部しか紹介していないが、焼酎だけでカクテルブックが作れるほどの可能性がある。日本人が日本の蒸留酒を使ってカクテルを作ることほど自然なものはない。もちろん長所、短所はあるので、ぜひ特徴を知ってほしい。

第4章 | カクテルコレクション 8 | 國酒のカクテル

# アンタイトル
## Untitled

**[No1]**

45ml　仙禽オーガニックナチュール ドゥ［純米酒］

5ml　ホワイトポートワイン／グラハム　Graham's

3ml　アプリコットリキュール／マリエンホーフ　Marienhof

5ml　フィーヌ／オスピスドボーヌ 2009　Hospices de Beaune Fine

**[No.2]**

50ml　仙禽オーガニックナチュールドゥ［日本酒］

5ml　アモンティリャード／ゴンザレスビアス "デルドゥケ"
　　　Gonzalez Byass "del Duque"

5ml　コールドブリューココナッツコーヒー　※ p.268

4drops 黒カシスリキュール


氷：なし

グラス：カクテルグラス

作り方：ステア

No.1、No.2 ともすべての材料をストレートグラスに合わせ、なじませる。氷を入れたミキシンググラスに注ぎ、ステアしてグラスに注ぐ。No.2 のみ最後に黒カシスリキュールをグラスの底に沈めるようにゆっくり注ぐ。


「日本酒のカクテル」は 2001 年頃からときどき依頼があり作ってきたのだが、醸造酒ということもあってむずかしく、なかなかこれといった方向性を見いだせずにいた。日本酒のカクテルといえば、イギリスで有名なカクテルサイト『Diffordsguide』に掲載された「サケマティーニ」がある。その構成はジン 60ml、純米酒 60ml、ドライベルモット 5ml で、青りんごのスライスが 1 枚のる（その後に出るものも、配分はさまざまながら材料はほぼこの 3 種構成）。だが、今の日本酒は香りも多種多様で、その個性をもっと生かすレシピがある。ジンより日本酒にもっとフォーカスしたほうがよいと私は考えていた。

2018 年にジャスミンティーテール（p.204）を完成させたことで、ようやくおぼろげに方向性が見えてきた。ティーテールでは「繊細なお茶の香りを中心にコニャックの香りで包む」イメージだったが、今度は「日本酒を真ん中に置いて、そこにさまざまな香りを薄く塗り重ねていく」イメージだ。あくまで中心は日本酒の香り。ごく少量ずつの酒類をブレンドすることで、日本酒の香りの特性は生きたままカクテルとしての味わいになる。

ベースは仙禽オーガニックナチュールドゥ。栃木の株式会社せんきんの意欲作で、古

来の製法にのっとり完全無添加（米、米麹、水のみ）で作られている。精米歩合は90％。No.1のブレンドでは、パイナップルや熟したフルーツ香とオレンジ系の酸味と乳酸っぽい酸味を感じる。これにホワイトポート、アプリコット、フィーヌをブレンドすると、なんとバターのような香りと味わいに変化する。No.2のブレンドではフルーティーな香りの余韻にコーヒーが顔を出し、最後にドロップしたカシスが混ざると味わいが変わって花火のように終わる。アルコール分18％の日本酒だからこそのもので、ごく少量ずつブレンドすることでティーテールと同様、万華鏡のような複雑な味わいを作ることができる。

ベースにどの日本酒を使うか、何を合わせ、どのような配合にするかで無限なバリエーションが生まれる。「サケマティーニ2.0」という裏コンセプトもあるが、新しいジャンルであり、まだ名称がつけられないので「アンタイトル」とした。日本酒のカクテルの未来をここに私は感じている。

# ワンライフ
## One Life

| | |
|---|---|
| 40ml | ジャスミン茶インフューズド獺祭粕取り焼酎　※下記 |
| 10ml | ミルクウォッシュリキッド　※ p.267 |
| 30ml | 梅乃宿 あらごしりんご酒 |
| 10ml | グレープヴィネガーシロップ　Coco Farm & Winery Verjus |
| 1tsp. | レモンジュース |
| 50ml | 炭酸水 |
| 1tsp. | カルヴァドス／ペールマグロワール 12 年　Père Magloire |
| ── | エディブルフラワー |

氷：ブロックアイス 1 個
グラス：タンブラー
作り方：シェイク

カルヴァドス以外の材料と氷をシェイカーに入れてシェイクし、ファインストレーナーで濾しながらグラスに注ぐ。炭酸水を注ぎ、軽く混ぜる。カルヴァドスを 1tsp. フロートし、氷にエディブルフラワーを飾る。


2018 年、国産蒸留酒のカクテルを専門とする店舗 Mixology Spirits Bang (k) を開店した。このカクテルもそのメニューの中の一つ。
獺祭粕取り焼酎は、日本酒を作る際に搾った後の酒粕を再発酵させ、蒸留させたもの。獺祭の吟醸香が残り、フローラル＆フルーティー。花や白系の果物との相性がよい。アルコール度数も 39 度あるので、カクテルベースとして使いやすい。カクテルには、ライムリーフ、ラベンダー、ローズ、レモングラス、レモンヴァーベナなど、爽やかなフローラル系の素材を副材料として使ってもよいし、またインフューズして使ってもよい。このカクテルはジャスミン、吟醸香、りんご、乳酸、グレープヴィネガーという相互に相性の良い組み合わせで、まとまりのよい、爽やかな味わいの 1 杯。


Key ingredients

[ジャスミン茶インフューズド獺祭粕取り焼酎]
ジャスミン茶の茶葉　8g
獺祭粕取り焼酎　720ml（1本）

ジャスミン茶の茶葉を獺祭粕取り焼酎に漬け込んで、常温で 24 時間置く。翌日濾して、ボトリングする。保存は冷凍で。

第4章 カクテルコレクション 8｜國酒のカクテル

## カンゴシナ・アッフォガード
### Cangoxina Affogato

| | |
|---|---|
| 30ml | 謳歌［芋焼酎／宮崎、黒木本店］ |
| 10ml | トンカビーンズインフューズド天使の誘惑［芋焼酎／鹿児島、西酒造］ ※p. 右頁 |
| 1個 | 卵 |
| 15ml | バニラシロップ ※p.262 |
| 1tsp. | 甘麹（髙木糀商店） |
| 30ml | 生クリーム |
| 1shot | エスプレッソ（スペシャルティコーヒー） |
| ── | 液体窒素、カカオニブ |

氷：なし
グラス：ダブルウォールグラス
作り方：ニトロミックス

エスプレッソ、カカオニブ以外の材料をショートティンに入れて、液体窒素を注ぎ、スプーンで混ぜながら冷やし固める。アイススクープを使ってグラスに盛りつけ、カカオニブを適量ふりかける。淹れたてのエスプレッソを添えて提供する。

芋焼酎のエッグノックを液体窒素で冷やし固め、エスプレッソを添えてアッフォガートにした。芋焼酎と卵、バニラは相性がよい。シェイクでエッグノックを作ってもいいし、温めてホットエッグノックにしても美味しいが、アイスクリーム状にしたのは、「芋焼酎が香るアイス」という構成が新しいと感じたからだ。ベースの芋焼酎は芋の香りがしっかり強いほうが合う。

「謳歌」はタマアカネという品種を原料とする芋焼酎で、芋の香りが穏やかで、スイスイ飲める。「天使の誘惑」は樫樽で8年熟成させた芋焼酎。フレーバーのアクセントとしてトンカビーンズを漬けこんで、レシピに加えた。トンカビーンズは卵系にもキレイに合う。髙木糀商店の甘麹は米の食感が残っていて、ドロッと濃厚（希釈すると甘酒になる）。栄養価も高く、何より卵、乳製品と相性がよい。

エスプレッソはこのカクテルに対して大きなアクセントであり、これが加わることで味が完成する。エスプレッソの役割は「酸味」と「苦み」。カクテルの「甘み」に対して三角関係でバランスをとる。豆は焦げ臭があるものでなければ、酸味が効いたものでも、苦みが濃いものでも、どちらも合う。カカオニブの触感もアクセントになり、かじるとカカオの味がはじける。なおアレンジとして、ベーコンウォッカで作ると、塩気×アイス×エスプレッソという驚きの組み合わせが生まれる。こちらもおすすめ。

Key ingredients ........................................................................................................

［トンカビーンズインフューズド天使の誘惑］
トンカビーンズ 4粒
芋焼酎／天使の誘惑 750ml（1本）

トンカビーンズを天使の誘惑に漬けこんで、常温で4日間置く。濾してボトリングする。常温保存可。

# オールドファッションド：焼酎バージョン
## Old Fashioned: Sho-chu version

**[Rice Old Fashioned]**
45ml　十四代鬼兜米焼酎
1tsp.　バニラシロップ　※ p.262
0.8ml　ボブス チョコレートビターズ　Bob's Chocolate Bitters
──　オレンジスライス、ブラックオリーブ

**[Sweet Potato Old Fashioned]**
45ml　バレルエイジングなかむら［芋焼酎なかむら2リットルを、3リットル容量アメリカン
　　　オーク樽で2カ月間熟成したもの］
1tsp.　アガベハニー
10dashes　アンゴスチュラビターズ　Angostura bitters
──　ドライオレンジスライス

**[Barley Old Fashioned]**
45ml　鶴の荷車［麦焼酎］
7ml　ハチミツ
1粒　コーヒー豆
2dashes　ボブス チョコレートビターズ　Bob's Chocolate Bitters

**[Brawn Sugar Old Fashioned]**
45ml　長雲大古酒［黒糖焼酎］
1tsp.　バニラシロップ　※ p.262
0.8ml　ボブス チョコレートビターズ　Bob's Chocolate Bitters
──　バニラのさや

**[Awamori Old Fashioned]**
45ml　請福10年［泡盛］
3ml　コールドブリューコーヒーコーディアル　※ p.265
2dashes　ボブス カルダモンビターズ　Bob's Cardamon Bitters
──　カルダモン

氷：ロックアイス
グラス：ロックグラス
作り方：ステア

麦焼酎以外のバージョン：それぞれすべての材料をテイスティンググラスに入れて
なじませてから、氷を入れたミキシンググラスに注ぎ、ステアして、グラスに注ぐ。

麦焼酎バージョン：ティンにハチミツ、コーヒー豆を入れてバーナーであぶる。鶴の荷車を注ぎ、混ぜてから氷を入れたミキシンググラスに入れ、ビターズを加えてステアし、グラスに注ぐ。


焼酎を使ったオールドファッションドシリーズ。
焼酎は、米、芋、麦、黒糖、泡盛それぞれに個性があるが、作り方も大きく変わってきており、熟成、麹の工夫、原材料、蒸留方法などいろいろな点から新しいアプローチがされている。今の焼酎の味のレンジは非常に広い。そしてさらに、次の10年間で劇的に焼酎は変わっていくと予想している。その個性を世界の人に知ってもらううえで、カクテルは重要なキーコンテンツになるはずだ。

◎14代鬼兜は、オーク樽で熟成した蘭引焼酎。「蘭引」とは江戸時代に使われていた蒸留器で三段重ねの陶器製の鍋を加熱して蒸留する。オーク樽のバニリンを多く含み、味わいは非常にマイルド。
◎なかむらは中村酒造場が昔ながらの製法で作る手造り芋焼酎。アメリカンオークで熟成することで芋の甘みにオークのバニリンが加わり新しいバランスが生まれた。
◎鶴の荷車は15〜20年の長期熟成された麦焼酎だ。長い熟成で麦の香りがコクに変わり、円熟味も増している。
◎長雲大古酒は、奄美大島で作られる1986年蒸留の20年ものの黒糖焼酎で、驚くほどなめらかできめ細かい舌ざわり。熟成したラムとは違う円熟さがある。バニラとチョコレートのニュアンスを少量加えるだけで十分に美味しい。
◎請福10年は、泡盛の古酒（クース）。麹の個性が薄れ、これが泡盛？と思うほど飲みやすくスムーズ。オーク樽熟成由来の香りとコーヒーがマッチする。コーヒーと相性のいいカルダモンをアクセントに加える。

日本の焼酎は原材料の味が非常に前面に出てくる。まだ熟成は規制があって樽熟成などは長期熟成商品は販売できないが、今後世界に大きく発信できる可能性をもっている。ぜひ銘柄別でオールドファッションを試してもらいたい。

# 9 | ニトロカクテル
Liquid nitrogen cocktail

液体窒素で作るフローズンカクテルを、リキッドニトロ
ジェン・カクテル＝ニトロカクテルと総称する。私は液
体窒素を使うようになって、かつての方法によるフロー
ズンカクテルはほとんど作らなくなった。口溶け、味わ
いの点で、液体窒素でなければ作り出せないものがある。
ただし注意が必要なのはその扱い方、そして、「氷を使
わない＝加水がない」ので、結果としてアルコールが強
く感じられる点。詳細は第3章を参照してほしい。液体
窒素を使えば、ニトロモヒートのようなクラシックカク
テルのアレンジからアイスデザートのカクテル化まで、
容易にできる。ニトロカクテルの発想は"デザートを作
る"という視点で見てほしい。

第4章 ｜ カクテルコレクション 9 ｜ ニトロカクテル

# ノルマンディアイス

## Normandie Ice

30ml 　クータンセウオッカ ※ p.251
30ml 　生クリーム
30ml 　牛乳
15ml 　ソーテルヌ　Sauternes ［甘口白ワイン］
20ml 　ハチミツ
10g 　りんごのスライス
──── 　液体窒素、塩（フルール・ド・セル）

氷：なし
グラス：アンティーク銅カップ、またはダブルウォールグラス
ガーニッシュ：りんごチップ
作り方：ナイトロジェンブレンド

りんごを極小の角切りにする。すべてをティンに入れて液体窒素を注ぎ、スプーンでかき混ぜながら冷やし固める。グラスに盛りつけ、塩を軽くふり、りんごチップを1枚飾る

カマンベールと相性のよいりんごを組み合わせたアイスカクテル。
当初、カマンベールのスピリッツに対してりんごはジュースで混ぜたのだが、カマンベールが思ったほど主張しないせいか、香りが埋もれてバランスが取りづらかった。まずは「カマンベールが主体の美味しいアイスクリーム」を作ろうと方法を探るなか、りんごを「面」で混ぜず「点」で混ぜることを考えた。液体窒素にフルーツの果肉を入れてほどよく固めると、冷凍みかんのようにシャキシャキとした食感になる。そのイメージで、りんごを角切りにして液体に加え、液体窒素で冷やし固めることにした。こうすることで、カマンベールのシャーベットカクテルに満遍なくりんごの角切りが散りばめられ、りんごの味と食感の両方がアクセントになった。そして、最後にふりかける塩が口に入った瞬間、チーズの香りの輪郭がくっきりと立つ。塩はあくまで塩なのだが、甘さを引き立て、チーズの塩気に呼応して増強する効果もある。

# ガストロパンプキンカップ

## Gastro Pumpkin Cup

30ml　フォアグラウオッカ ※ p.250
15ml　トンカビーンズラム　※ p.256
4tsp.　自家製パンプキンピュレ ※下記
20ml　生クリーム
15ml　ピスタチオシロップ ※ p.264
──　液体窒素、カカオニブ

氷：なし
カップ：ダチョウの卵、アンティークカップ
作り方：ナイトロジェンブレンド

カカオニブ以外の材料をティンに入れて液体窒素を注ぎ、スプーンで混ぜながら冷やし固める。カップに盛りつけ、カカオニブを散らしかける。

このカクテルはカボチャの美味しい時期にだけ作る。イメージのベースはカボチャのアイス。まずそのレシピを想定し、カボチャ、卵、牛乳、砂糖を並べ替えたり、何かと置き替えたりして味わいをふくらませていった。 まず、フォアグラとカボチャという、ドリンクとしては意外な組み合わせをベースにした。フォアグラのナッツテイストにもカボチャにも合う。そこにアマレットのような香りのトンカビーンズを漬け込んだロンサカパラムを。生クリームでのばし、甘さのアクセントにピスタチオシロップを加えて味をととのえた。すでに３つのフレーバーがあるのでそれ以上の複雑さは不要で、あとは配分バランスを調整。
普通にシェイクしても、口当たりがさらっとしながら複層的な味わいのあるカボチャのマティーニとして美味しく仕上がる。カカオニブは触感と味のアクセント。このカクテルにはチョコレートが合う。ビスケットなどを添えてもいい。

## Key ingredients

[自家製パンプキンピュレ]
カボチャ　100g
1. カボチャは種、ワタ、皮を取り除き、1.5cm 角に切る。耐熱容器に入れて、水（大さじ１～３）、塩１つまみを加えてなじませる。ラップをして、600w の電子レンジで５分間加熱する。
2. マッシャーで潰して、好みのやわらかさにする。容器に入れて冷蔵保存、または小分けにして真空パックにして冷凍保存する。

# ニトロモヒート

## Nitro Mojito

30ml　ラム／バカルディ　Bacardi Superior
15ml　ライムジュース
20ml　グレープフルーツジュース
2tsp.　ブレンドシュガー
15枚　ミント（リーフのみ）
───　炭酸水、液体窒素

氷：なし
グラス：パイナップルカップ、タンブラー
ガーニッシュ：パイナップル（季節の果物）
作り方：ニトロミックス

ミントをティンに入れ、液体窒素をかぶるほどまで注いでペストルでつぶし、パウダー状にする。ラム、ライムジュース、グレープフルーツジュース、ブレンドシュガーを別のティンに合わせ、シュガーをよく溶かす。ミントの凍結パウダーをこれに加え、液体窒素を適量注ぎ、スプーンで混ぜて冷やし固める。適度に固まったら、容器に入れ、ミントを飾る。炭酸水をグラスに注ぎ、果物を添える。

液体窒素を使った「食べるモヒート」。液体窒素でパリパリに凍結させたミントをペストルでパウダー状に砕いてあるので、ミントのフレーバーは通常で作るモヒートよりはるかに強い。このシャーベット状の"強ミントモヒート"を一口食べ、ソーダを飲むと、口の中で「モヒート」が完成する。そして二口目は果物と一緒に食べて、ソーダを口に含むと「フルーツモヒート」になる。ソーダをスプマンテ、シャンパン、フレーバーソーダに替えたり、添える果物を替えたり、ミントをバジルに替えたりすることで、さまざまなアレンジが可能だ。

液体窒素を使ってカクテルをシャーベット状にする際に、気をつけるべきことがある。そのままのレシピで冷やし固めるとアルコール感が非常に強く感じる。カクテルは、氷とともにシェイクしたりステアすることで完成するが、液体窒素では冷やして氷結させられるが、そこで水分は一切加わらない。よってブレンドの状態で飲みやすい状態、つまりシェイク後の状態やクラッシュアイスでフローズンにした状態の味をイメージして作る必要がある。ここではグレープフルーツジュースでのばしたが、フレッシュココナッツウォーター、フレッシュケーンジュースがあれば一番合う。

243

第4章 | カクテルコレクション　9 | ニトロカクテル

第 5 章

ミクソロジーを構成する自家製材料レシピ

# 1. エバポレータースピリッツ

■「スピリッツ＋香りをつけたい素材」をエバポレーターにかけて蒸留する。蒸留して得た液体に、分離した同量の水を加えてアルコール度数を元に戻し、ボトリングする。
■以下レシピはロータリー（回転式）エバポレーター使用を前提としている。私が使用しているマシンは突沸防止センサー付きなので、最初から気圧を 30mbar* と設定しているが、手動で突沸をコントロールする場合は（液体温度が常温として）「150mbar」を初期設定としてスタートし、突沸しないよう様子を見ながら徐々に下げて、沸騰の泡が大きくなった段階で「30mbar」に設定する。

## わさびウオッカ／わさびジン

わさび　150g
ウオッカ／シロック　Ciroc　700ml
ミネラルウォーター　150ml

1　わさびの皮を軽く削ってからすりおろし、ウオッカに加える。
2　すぐにエバポレーターのフラスコに入れ、蒸留する。気圧は 30mbar*、ホットバスは 40℃、回転数 180 〜 240rpm、冷却水は−5℃に設定。
3　500ml 抽出したら取り出し、150ml 加水してボトリングする。

わさびは鮮度が重要。すりおろしたらすぐに蒸留すること。加熱によっても香気成分がダメージを受けるので、回転数を多めの設定にして、早めに蒸留が完了するようにする。
このレシピはかなり「辛い」。もう少し辛さを抑えたい場合は、わさびを半量にしてもよい。ウオッカはいろいろ試したが、シロック（ぶどうのウオッカ）が一番相性がよかった。わさびとぶどうのどの成分が合うのかはまだわかっていない。レシピの「ウオッカ」を「ジン」に代えてわさびウオッカを作ることも可能。

## ホースラディッシュウオッカ

ホースラディッシュ　40g
根セロリ　20g
ウオッカ／グレイグース　Grey Goose　700ml
ミネラルウォーター　150ml

1　ホースラディッシュ、根セロリの皮をむき、すりおろしてウオッカと混ぜる。フ

ラスコに入れて、蒸留する。気圧は 30mbar*、ホットバスは 40℃、回転数 150
～ 200rpm、冷却水は－5℃に設定。
2 500ml 抽出したら取り出し、150ml 加水してボトリングする。

ホースラディッシュは産地によって味がかなり異なるため、好みの産地を選ぶこと。
国産の山わさびはホースラディッシュと同種だが、かなり土っぽいタイプもある。根
セロリはセロリに似た味だが、加熱するとまろやかな香りが出てきて、ホースラディッ
シュと相性がよいので混ぜて使う。


## 蕗の薹ジン

蕗の薹　36 ～ 40g（6 ～ 8 個）
ジン／ボンベイサファイア　Bombay Saphire Gin　750ml
ミネラルウォーター　150ml

1 蕗の薹をディハイドレーターで（52℃）、6 ～ 10 時間乾燥させる。乾燥させす
　ぎると風味がほとんど飛んでしまうので、途中何度か様子を見る。蕗の薹を指で
　押して少しやわらかくなり、表面が乾燥して少し色が変わっているくらいがちょ
　うどいい。おおよそ 50％の乾燥状態を目指す。ジンとともにジャーに入れ、ハ
　ンドブレンダーで撹拌する。
2 フラスコに入れてエバポレーターにセットし、蒸留する。気圧は 30mbar*、ホッ
　トバスは 40℃、回転数 120 ～ 180rpm、冷却水は－5℃に設定。
3 500ml 抽出したら取り出し、150ml 加水してボトリングする。残留液は香りが
　ほとんど残っていないので破棄する。


## バジルジン

バジル　25g（枝付きで）
ジン／ボンベイサファイア　Bombay Saphire Gin　750ml
ミネラルウォーター　150ml

1 バジルの枝を取り、葉をジンと一緒にジャーに入れてハンドブレンダーで撹拌す
　る。
2 すぐにエバポレーターのフラスコに入れて、蒸留する（撹拌後 10 分以上常温に
　放置すると酸化して色が変わり、えぐみが出る）。気圧は 30mbar*、ホットバス
　は 40℃、回転数 150 ～ 240rpm、冷却水－5℃に設定。
3 500ml 抽出したら取り出し、150ml 加水してボトリングする。残留液は香りが
　ほとんど残っていないので破棄する。常温保存。

バジルは加熱温度を短くしたいので、回転数を上げる。バジルは種類によって香りがかなり違うので、とにかく新鮮で香りがしっかりしたものを選ぶ。少しでも黒く変色したものは使わない。

漬け込んでインフューズする場合は、15g のバジルの葉をスピリッツに漬け込み、そのまま冷凍庫に入れる。3〜4日間後、味を見てバジルを取り出す。そのまま冷凍保存。


## ヒノキジン／ヒノキウオッカ

ヒノキ（おがくず）　15g
ジン／ボンベイサファイア　Bombay Saphire Gin　750ml
またはウオッカ／グレイグース　Grey Goose　700ml
ミネラルウォーター　150ml

1　ヒノキとジン（またはウオッカ）をエバポレーターのフラスコに入れて、蒸留する。気圧は 30mbar*、ホットバスは 40℃、回転数 150〜240rpm、冷却水は－5℃に設定。
2　500ml 抽出したら取り出し、150ml 加水してボトリングする

ヒノキの抽出は早いので、回転数は早くてよい。ヒノキにも鮮度がある。削りたての新鮮なものが最も香りが強い。その場合は 10g でも十分に香りを抽出できる。


## サンダルウッドジン

サンダルウッド（白檀）　10g
ジン／ボンベイサファイア　Bombay Saphire Gin　750ml
ミネラルウォーター　150ml

1　サンダルウッドとウオッカをフラスコに注ぎ、蒸留する。気圧は 30mbar*、ホットバスは 45℃、回転数 80〜120rpm、冷却水は－5℃に設定。
2　500ml 抽出したら取り出し、150ml 加水してボトリングする。残留液は破棄する。

サンダルウッドは香木。高価なので多くの量は使えないが、香りが強いので 10g でも十分に抽出できる。すでにチップになっているので、そのまま使用する。


## オレンジ＆ディルジン

ドライオレンジピール　1個分
ディル　10g

ジン／ボンベイサファイア　Bombay Saphire Gin　750ml
ミネラルウォーター　150ml

1　すべての材料をジャーに入れてハンドブレンダーで攪拌し、フラスコに入れて蒸
　　留する。気圧 30mbar*、ホットバス 40℃、回転数 100 ～ 150rpm、冷却水は－5℃
　　に設定。
2　500ml 抽出したら取り出し、150ml 加水してボトリングする。

重要なのはオレンジピール。らせんにむいたものを使うが、白いワタの部分がしっか
りついてることが重要。通常この部分は苦みが強くて取り除くが、ここでは、その苦
い部分が必要。うまく作ればオレンジのフレッシュな香り、オレンジの苦みが続き、
スパッと味が切り替わってディルの香りが口中に広がる。ジントニックにするとオレ
ンジの苦みがトニックの甘みを抑えて、バランスが調和する。素材に個体差があるの
で毎回微妙に量を調整する必要があるが、この味の変化は既製品では作れない。


## 黒ごまウオッカ

黒ごま　150g
ウオッカ／グレイグース　Grey Goose　700ml
ミネラルウォーター　150ml

1　黒ごまを弱火にかけたフライパンで軽く炒る。ウオッカと合わせてハンドブレ
　　ンダーで攪拌し、フラスコに移して蒸留する。気圧は 30mbar*、ホットバスは
　　40℃、回転数 100 ～ 150rpm、冷却水は－5℃に設定。
2　500ml 抽出したら取り出し、150ml 加水してボトリングする。残留液は破棄する。


## マスタードシード＆ローズマリーウオッカ

ブラックマスタードシード　50g
ウオッカ／グレイグース　Grey Goose　700ml
ローズマリー　3 本（好みで）
ミネラルウォーター　150ml

1　ブラックマスタードシードを弱火にかけたフライパンで軽く炒る。パチンパチン
　　と弾けるので注意。香りが立ってきたら火からはずし、すり鉢ですりつぶしてか
　　らウオッカと混ぜる。
2　フラスコに移してローズマリーを加え、蒸留する。気圧は 30mbar*、ホットバ
　　スは 40℃、回転数 150 ～ 220rpm、冷却水は－5℃に設定。
3　500ml 抽出したら取り出し、150ml 加水してボトリングする。残留液は破棄する。

マスタードシードはそのままだと無味無臭だが、火であぶると香りが立ってくる。すりつぶすと辛さが出る。ローズマリーは好みで。一緒に蒸留せずに、カクテルにする時に加えてもよい。

## フォアグラウオッカ

フォアグラ　135g
ウオッカ／グレイグース　Grey Goose　700ml
ミネラルウォーター　150ml

1　フォアグラとウオッカを混ぜてハンドブレンダーで撹拌する。
2　フラスコに入れて蒸留する。気圧は30mbar*、ホットバスは40℃、回転数50〜150rpm、冷却水は−5℃に設定。—— 最初は気圧150mbarくらいからスタートする。脂肪分が多いため、開始後すぐに細かい泡が沸いてくるが、これが大きな泡になって弾けるようになったら一気に30mbarに下げる。回転数は徐々に上げる。
3　500ml抽出したら取り出し、150ml加水してボトリングする。保存は常温。

## ロックフォールコニャック／ロックフォールラム

ロックフォールチーズ　350g
コニャック／ヘネシー　Hennessy VS　700ml
またはラム／バカルディスペリオール　Bacardi superior　750ml
ミネラルウォーター　150ml

1　ロックフォールチーズを電子レンジまたはフライパンで加熱して溶かす。コニャック（またはラム）と混ぜてジャーに入れ、ハンドブレンダーで撹拌する。
2　フラスコに入れて蒸留する。気圧は30mbar*、ホットバスは40℃、回転数50〜150rpm、冷却水は−5℃に設定。—— 最初は気圧150mbarくらいからスタートする。脂肪分が多いため、開始後すぐに細かい泡が沸いてくるが、これが大きな泡になって弾けるようになったら一気に30mbarに下げる。回転数は徐々に上げる。
3　500ml抽出したら取り出し、150ml加水して、ボトリングする。保存は常温。残留液には塩気がしっかり残っているので濾して同量の砂糖を加えてシロップにするか、アイスクリームの材料にしてブルーチーズアイスを作る。

## クータンセウオッカ

クータンセチーズ（フランス・ノルマンディー産白カビチーズ）　400g
ウオッカ／グレイグース　Grey Goose　700ml
ミネラルウォーター　150ml

1　白カビチーズを電子レンジまたはフライパン加熱して溶かす。ウオッカと混ぜて
　　ジャーに入れ、ハンドブレンダーで撹拌する。
2　フラスコに入れて蒸留する。気圧は 30mbar*、ホットバスは 40℃、回転数 50
　　〜 150rpm、冷却水は−5℃に設定。──最初は気圧 150mbar くらいからスター
　　トする。脂肪分が多いため、開始後すぐに細かい泡が沸いてくるが、これが大き
　　な泡になって弾けるようになったら一気に 30mbar に下げる。回転数は徐々に上
　　げる。
3　500ml 抽出したら取り出し、150ml 加水してボトリングする。保存は常温。残
　　留液はブルーチーズ同様、シロップにするか、アイスクリームにする。

白カビタイプのチーズは、カマンベール、ブリーチーズなどいろいろ作って試したが、
クータンセが常時入手可能かつ味が安定してるので使っている。他の物を使うことも
ある。熟成させてから使うほうが、味にコクが出て美味しい。


## オリーブジン

グリーンオリーブ（種無し）　174g
ジン／ボンベイサファイア　Bombay Saphire Gin　750ml
ミネラルウォーター　150ml

1　グリーンオリーブの漬け汁を捨てて、ジンと一緒にジャーに入れ、ハンドブレン
　　ダー撹拌する。
2　エバポレーターのフラスコに入れて蒸留する。気圧は 30mbar*、ホットバスは
　　40℃、回転数 150 〜 240rpm、冷却水は−5℃に設定。500ml 抽出したら取り出し、
　　150ml 加水してボトリングする。

何種類かのオリーブで試したが、塩気が多少強く、味が強いタイプがよい。食べて本
当に美味しいオリーブで作ったときもあるが、香りが弱いのかあまり味がのらなかっ
た。それでも倍量にすると味がのる。残留液はオリーブの塩気が残っているが、味が
弱く、濁っていてあまり使い道がない。

第5章 ミクソロジーを構成する自家製材料レシピ

## グリルドアスパラガスウオッカ

グリーンアスパラガス　6本（できるだけ太くて新鮮なもの。大きさにより増減）
ウオッカ／グレイグース　Grey Goose　700ml
ミネラルウォーター　150ml

1　グリーンアスパラガスをグリルパンで表面に軽く焦げ目ができるくらい焼く。適
　　宜にカットし、ウオッカと一緒にジャーに入れてハンドブレンダーで攪拌する。
2　フラスコに移し、蒸留する。気圧は30mbar*、ホットバスは40℃、回転数80
　　〜150rpm、冷却水は−5℃に設定。500mlを抽出したら取り出し、150ml加水して、
　　ボトリングする。保存は常温。

## トムヤムウオッカ

トムヤムペースト（スリーシェフ）227g
ウオッカ／グレイグース　Grey Goose　700ml
ミネラルウォーター　150ml

1　トムヤムペーストをウオッカとジャーに入れて攪拌する。フラスコに入れて蒸
　　留する。気圧は30mbar*、ホットバスは40℃、回転数120〜180rpm、冷却水
　　は−5℃に設定。
2　500ml抽出したら取り出し、150ml加水してボトリングする。

残留液は塩気、スパイスともかなり感じられる。濾して手鍋に入れ、片栗粉を少量
入れてとろみをつけてからクッキングシートに伸ばし、ディハイドレーター（57℃）
で乾燥させる。乾燥して固まったらミルミキサーにかけてパウダーにかけてもいいし、
適当に割ってデコレーションに使う。

## 白トリュフウオッカ

白トリュフ入りハチミツ　Miele di Acacia al Tartufo　120g
ウオッカ／グレイグース　Grey Goose　700ml
ミネラルウォーター　150ml

1　材料をジャーに入れて、ハンドブレンダーで攪拌する。フラスコに入れて蒸留す
　　る。気圧は30mbar*、ホットバスは40℃、回転数120〜180rpm、冷却水は−5℃
　　に設定。
2　500ml抽出したら取り出し、150ml加水してボトリングする。保存は常温。残
　　留液は濾して同量の砂糖を加え、白トリュフシロップ（冷凍保存）にして使用。

## ウマミウオッカ

出汁パウダー（茅乃舎極み出汁）2パック
ウオッカ／グレイグース　Grey Goose　700ml
ミネラルウォーター　150ml

1　ウオッカと出汁パウダーを一緒にエバポレーターのフラスコに入れて蒸留する。
　　気圧は30mbar*、ホットバスは40℃、回転数150〜240rpm、冷却水は−5℃に
　　設定。
2　500ml抽出したら取り出し、150ml加水してボトリングする。

出汁パウダーは香りもすぐに出てくるので、回転数は高めにする。残留液には塩気は
しっかりと、うま味も多少残っているので、濾してから同量加糖してシロップにする。


## 松茸ウオッカ

松茸　100g前後（約2本）
ウオッカ／グレイグース　Grey Goose　700ml
ミネラルウォーター　150ml

1　松茸は洗わずに刷毛で土を落とし、そのままスライスして軽く炭であぶる。焦が
　　さないようにして、熱で香りが出てきたらジャーにウオッカと入れて攪拌する。
2　フラスコに移し替え、蒸留する。気圧は30mbar*、ホットバスは40℃、回転数
　　80〜120rpm、冷却水は−5℃に設定。
3　500ml抽出したら取り出し、150ml加水してボトリングする。

松茸はゆっくりと香りが出てくるので、回転数もゆっくりめに設定する。残留液は香
りがほとんど飛んでいるので破棄する。松茸はできるだけフレッシュを使いたい。国
産が高価な場合は、外国産の冷凍を使うこともあるが、やはり香りは格段に落ちる。
その他のキノコ類の場合、ポルチーニや椎茸は乾燥のほうが香りはしっかりと出る。
その場合はいったん乾燥ポルチーニとスピリッツを一緒に真空パックし、50℃で30
分間加熱してからフラスコに移し、蒸留する。
なお、松茸をスピリッツに漬け込んで香りを抽出する場合は、フレッシュの松茸では
酸化劣化してしまうので、乾燥を使う。ただ、味はやはり落ちる。


## スープエッセンスウオッカ

ウェイパー（味覇・中華だしの素）150g
ウオッカ／グレイグース　Grey Goose　700ml

ミネラルウォーター　150ml

1　材料をジャーに入れ、ハンドブレンダーで撹拌する。フラスコに入れて蒸留する。気圧は 30mbar*、ホットバス 40℃、回転数 150 〜 220rpm、冷却水は−5℃に設定。

2　500ml 抽出したら取り出し、150ml 加水してボトリングする。残留液は濾して加糖すればシロップに出来る。保存は常温。


## 奈良漬けウオッカ

奈良漬け（都錦味醂漬きゅうり / 田中長）90g
ウオッカ／グレイグース　Grey Goose　700ml
ミネラルウォーター　150ml

1　奈良漬けを適宜にカットし、ウオッカを一緒にジャーに入れてハンドブレンダーで撹拌する。フラスコに入れて蒸留する。気圧は 30mbar*、ホットバスは 40℃、回転数 100 〜 150rpm、冷却水は−5℃に設定。

2　500ml 抽出したら取り出し、150ml 加水してボトリングする。保存は常温。

残留液は濾して加糖すればシロップにできる。奈良漬けもいろいろあるが、田中長のキュウリが旨みも香りも非常によい。


## 蕎麦茶ウオッカ

蕎麦茶　50g
ウオッカ／グレイグース　Grey Goose　700ml
ミネラルウォーター　150ml

1　蕎麦茶とウオッカをフラスコに入れて蒸留する。気圧は 30mbar*、ホットバスは 45℃、回転数 150 〜 220rpm、冷却水は−5℃に設定。

2　500ml 抽出したら取り出し、150ml 加水してボトリングする。

蕎麦茶は抽出が早いので、温度は高め、回転も速めで、遠心力で撹拌するイメージで蒸留する。残留液は風味が飛んでいるので破棄する。


## 玄米茶ウオッカ

玄米茶　50g
ウオッカ／グレイグース　Grey Goose　700ml
ミネラルウォーター　150ml

1　玄米茶とウオッカをフラスコに入れて蒸留する。気圧は 30mbar*、ホットバスは 45℃、回転数 150 〜 220rpm、冷却水は－5℃に設定。
2　500ml 抽出したら取り出し、150ml 加水してボトリングする。


## 梨山茶ウオッカ

梨山茶　25g
ウオッカ／グレイグース　Grey Goose　700ml
ミネラルウォーター　150ml


1　梨山茶とウオッカを一緒に真空パックして、60℃で 30 分間加熱する。フラスコに茶葉ごと移して蒸留する。気圧は 30mbar*（スタート時は 250mbar*）、ホットバスは 40℃、回転数 50 〜 120rpm、冷却水は－5℃に設定。
2　500ml 抽出したら取り出し、150ml 加水してボトリングする。

梨山茶を開かせるのに高温が必要になる。そのままの茶葉を常温のウオッカと一緒に蒸留すると、アルコールが蒸気になる段階でまだ香りが開かない。蒸留段階でしっかりと茶葉が開いているよう、あらかじめ 60℃で真空加熱する。また、梨山茶は茶葉が大きいので、液体にできるだけ接触させるため低回転で行なう。真空加熱してからの蒸留なので、気圧は 250mbar* からスタート。60℃ほどの液体を蒸留する場合、激しく一気に突沸するのでセンサーでも防げないときがある。落ち着くまで注意が必要。


## 玉露ウオッカ／極み玉露ウオッカ

玉露の茶葉　50g
または伝統本玉露の茶葉（さえみどり、ごこう推奨）　50g
ウオッカ／グレイグース　Grey Goose　700ml
ミネラルウォーター　150ml


1　茶葉とウオッカをフラスコに入れ、蒸留する。気圧は 30mbar*、ホットバスは 40℃、回転数 50 〜 120rpm、冷却水は－5℃に設定。
2　500ml を抽出したら取り出し、150ml 加水してボトリングする。保存は常温。


## カンパリウォーター／クラリファイドカンパリ

カンパリ　Campari　1000ml
ミネラルウォーター　150ml

1 カンパリをフラスコに入れて蒸留する。気圧は 30mbar*、ホットバスは 40℃、回転数 200 〜 240rpm、冷却水は－5℃に設定。
2 700ml 抽出したら取り出し、150ml 加水してボトリングする。

上記が、クラリファイドカンパリになる。ドライオレンジを 2 枚、6 時間漬け込んで、ノンアルコールのカンパリウォーターとして使う。複雑に材料を揃えてノンアルコールのカンパリを作るより、はるかに簡単にできる。残留液にはカンパリの比重の重い成分が残っている。
同じ方法でサンジェルマン（エルダーフラワーリキュール）、スーズ、グランクラシコ、アマレットでもフレーバーウォーター（とクリアリキュールスピリッツ）を作ることができる。フレーバーウォーターは加糖してシロップにもできる。


# 2. インフュージョン

■材料をスピリッツに漬け込んで、成分を抽出する。
■時間短縮して抽出したい場合は、真空加熱の方法をとる。


## カカオニブカンパリ

上質なカカオニブ　4g
カンパリ　Campari　500ml

1 カカオニブをカンパリに漬け込んで、5 日間置く。
2 香りと味が十分出ていればカカオニブを取り出す。

急ぎで作る場合は冷蔵したカンパリとカカオニブを専用フィルムに入れて 90％で真空パックし、60℃で 2 時間加熱する。氷水で急冷し、濾してからボトリングする。
カカオニブは最初、酸味がしみ出してきて、その後苦みが出てきてバランスが取れてくる。抽出は遅いほうなので真空加熱する場合は、温度は高め、時間は長めに設定する。カカオニブ自体を増やすのもいいが、上記の量でまずは試してみて、好みで増減するとよい。酸味を考慮して、ベースのスピリッツは苦み、または甘みがあるほうがいい。ポートワイン、デュボネ、アイスワインはお勧め。


## トンカビーンズラム

トンカビーンズ　4 粒
ラム／ロンサカパ　Ron Zacapa 23 年　750ml

1　トンカビーンズをラムに漬け込んで、4日間常温で置く。
2　香りと味が十分出ていればトンカビーンズを取り出して自然乾燥させ、もう一度使えるように取り置く。常温保存可能。

急ぎで作る場合は冷蔵したラム 750ml とトンカビーンズ 4 粒を専用フィルムに入れて 90％で真空パックし、55℃で 1 時間加熱する。氷水で急冷し、トンカビーンズを取り出し、ボトリングする。トンカビーンズは乾燥させて取りおく。


## ピスタチオウオッカ

ピスタチオペースト（Babbi）　200g
ウオッカ／グレイグース　Grey goose　700ml

ピスタチオペーストとウオッカをハンドブレンダーで攪拌してボトリングする。冷蔵保存。使用時によくボトルをふって混ぜ、（濾さずに）使う。


## ブラックペッパーウオッカ／ブラックペッパーバーボン

ブラックペッパー　4tsp.
ウオッカ／グレイグース　Grey Goose　700ml
またはバーボン／バッファロートレース　Buffalo Trace　700ml

ブラックペッパーをウオッカ（またはバーボン）とともに真空度 90％で真空パックし、70℃で 1 時間加熱する。濾してボトリングする。常温保存。


## カフィアライムリーフウオッカ／カフィアライムリーフ粕取り焼酎

カフィアライムリーフ　大きめ 3 枚（小さめなら 7 枚）
ウオッカ／グレイグース　Grey Goose　700ml
または獺祭粕取り焼酎　720ml

カフィアライムリーフをウオッカ（または獺祭粕取り焼酎）に漬け込んで 3 日間常温で置く。十分に香りがついていたらカフィアライムリーフを取り出し、冷蔵庫または冷凍庫で保存する。

## スモークベーコンウオッカ

スモークベーコン　300g
ウオッカ／グレイグース　Grey Goose　700ml

1　燻製したベーコンを約1cmの厚さのスライスに切り、表面に脂が浮き出るまでフライパンで焼く。火を止め、粗熱が取れたらウオッカを注ぎ、フライパンに焦げついた焼き汁や脂もすべてヘラでこそげ取り、液体になじませる。
2　容器に移して2日間冷蔵、3日目に冷凍庫に入れる。4日目にコーヒーフィルターで濾して脂を除去してボトリングする。要冷蔵。


## ミルクウォッシュホップジン

ペレットホップ（カスケード）　6.5g
ジン／ボンベイサファイア　Bombay Saphire Gin　750ml
牛乳　150ml
レモンジュース　10ml

1　ホップとジンを真空パックにして60℃で1時間加熱する。取り出し、ジャーに入れて、常温まで冷ます。
2　牛乳を入れて、5mlずつ2回に分けてレモンジュースを入れて軽くかき混ぜて、カード（凝乳）を固めていく。ある程度固まってきたら、シノワで濾す。
3　遠心分離器にかけて清澄する。保存は冷蔵か冷凍。


## バナナラム／バナナピスコ

バナナ　3本
ラム／ロンサカパ23年　Ron Zacapa　750ml
またはピスコ／ワカー　Waqar　750ml

1　バナナの皮をむいて適当にカットし、ラム（またはピスコ）とともにハンドブレンダーで攪拌する。
2　遠心分離機にかけて清澄する。


## グリルド柚子ジン（グリルドオレンジジン、グリルドみかんジン）

黄柚子　2個
ジン／タンカレー　Tanqueray Gin　750ml

1　柚子を半分にカットする。コンベクションオーブンを120℃に設定し、1時間加熱する。
2　真っ黒になった柚子をジンと一緒に真空パックにして、55℃のホットバスで2時間加熱する。濾してボトリングする。常温保存。

柚子は果汁が少ないので、果肉ごとオーブンで焼いて漬け込んでいる。加熱の際、温度が高すぎたり時間が長すぎると炭化するので注意する。オレンジはピール2個分、みかんはピール3個分をオーブンで焼き、同様にして漬け込む。


## 煎茶ジン

煎茶の茶葉　13g
ジン　750ml

1　茶葉をジンに漬け込んでひと晩置いておく。
2　翌日茶漉しで濾してボトリングする。常温保存。

茶葉は（季節に応じて）おもに、さえみどり、やぶきた、つゆひかりを使用。ジンは茶葉に応じてボンベイサファイア、六、タンカレーを選んでいる。フレーバーが強すぎるジンは合わない。シトラス香が効きすぎているのも NG。


## アールグレイジン

アールグレイ茶葉　10g
ジン／ヘンドリックス　Hendrick's Gin　750ml

茶葉をジンに漬け込んでひと晩置く。翌日茶漉しで濾してボトリングする。常温保存。


## ほうじ茶ラム／ほうじ茶バーボン

深炒りほうじ茶の茶葉　13g
ラム／ロンサカパ23年　Ron Zacapa　750ml

茶葉をラムに漬け込んでひと晩置く。翌日茶漉しで濾してボトリングする。常温保存。バーボンで作る場合も同じ分量で作る。渋みが少なく、バニリンが多いバーボンを選ぶ。ほうじ茶はロースト具合や使う品種で味が相当変わる。深炒りはより苦みがあり、チョコレートっぽさがある。ただ、漬け込みすぎるとえぐみが出やすくなるので注意。浅炒りは軽やかでフルーティなアイスワインやリキュールと合う。

第5章　ミクソロジーを構成する自家製材料レシピ

# 3. 樽熟成

■ 2リットル容量の小さな樽にカクテルを入れて、最大6カ月間熟成させる

## G4（ジーフォー）

ジン／タンカレー　No.TEN　Tanqueray No.TEN　900ml
ドライオレンジヘネシー VS*　450ml
ウォルナッツリキュール　300ml
ベルモット／イザギレ 1884　Yzaguirre Vermouth selection 1884　300ml
フィーブラザーズ ウォルナットビターズ　Fee Brothers Walnut Bitters　10ml
ボブス アボッツビターズ　Bob's Abbotts Bitters　10ml
（ドライオレンジヘネシー VS：ドライオレンジスライス5枚、ヘネシー Hennessy
VS 500ml を一緒に真空パックして、50℃で1時間加熱。ドライオレンジを取り出
してボトリングしたもの）

全材料を合わせて、2リットル容量の樽に入れ、冷暗所で2カ月間熟成する。熟成後
はボトリングする。

ジンはイギリス、コニャックはフランス、ベルモットはスペイン、リキュールがイタ
リアと、それぞれの国の酒類を合わせて作ったので G4 というネーミングにした。オ
レンジ、ウォルナッツの香るビターカクテル。60ml を氷とともにステアしてカクテ
ルグラスかロックグラスで飲む。

## ウッドランドビターリキッド

カンパリ　Campari　800ml
アマーロ　Amaro　400ml
ピコン　Picon　400ml
グラッパ オルネライア　Ornellaia Grappa　100ml
ボーカーズビターズ　Dr. Adams Bokers Bitters　20ml
ボブス バニラビターズ　Bob's Vanilla Bitters　20ml
ボブス アボッツビターズ　Bob's Abbotts Bitters　40ml
ジェリートーマスビターズ　The Bitter Truth Jerry Thomas Bitters　20ml

すべてを混ぜて2リットル樽に入れて冷暗所で最低2カ月、最高6カ月間熟成する。
熟成後はボトリングする。

これ自体がカクテルなのだが、1つのビターリキュールとして使うことを想定している。各ビターリキュール自体それぞれ複雑なテイストを持っているが、さらに複雑かつ余韻の長いものを作ろうと考えた。カンパリ、アマーロ、ピコンはある程度方向性としては似ているが、グラッパが入ることで味にぐっと深みが出る。熟成の長いグラッパの場合はもう少し量を増やしてもいい。「キー」になるのはカンパリなので、カンパリはそのままで、アマーロ、ピコンをフェルネットブランカ、チナール、グランクラシコに代えても美味しくできる。ウッドランドビターリキッド45ml、炭酸水90ml、レモンスライス1枚。これだけでも十分美味しい。あとはビターリキュールの代わりに少量入れたり、ベルモットに1tsp.だけブレンドしたりしても十分苦みと奥深さが出てくれる。

## エイジングピメントドラム

ラム／ディプロマティコレセルバ　Diplomatico reserva　750ml
オールスパイス　15粒
シトラスペッパーコーン　12粒
クローブ　10本
シナモンスティック　2本
ナツメグ　1個
バニラビーンズ　1本

スパイスをすべてすり鉢ですりつぶして砕く。バニラビーンズは細かくチョップする。ラムと一緒に真空パックし、60℃で2時間加熱する。そのまま冷蔵庫で3日間漬け込んでおく。コーヒーフィルターで濾してから樽に入れて1カ月間熟成する。

# 4. シロップ、コーディアル、シュラブ

## シナモンシロップ

シナモンスティック　4本
水　400ml
グラニュー糖　350g

シナモンスティックをすり鉢で砕き、グラニュー糖、水とともに手鍋に入れて火にかける。グラニュー糖が溶けたら蓋をして弱火で10分間煮る。冷まして濾し、ボトリングする。

## バニラシロップ

バニラビーンズ　5本
水　500ml
グラニュー糖　500g

バニラビーンズを縦にカットする。水を沸かし、グラニュー糖、バニラビーンズを入れて10分間弱火で煮込む。火を止めて蓋をかぶせ、余熱がとれたらそのまま冷蔵庫に入れてひと晩おく。翌日濾してボトリングする。バニラビーンズは乾燥機に入れて7割がた乾燥させ、ラップして冷蔵庫で保存してもう一度使う。


## 出汁シロップ

茅乃舎極み出汁　1パック
水　300ml
グラニュー糖　200ml

手鍋に水と出汁のパックを入れて中火で温める。3分間温めたら、グラニュー糖を加え、溶かしたら、火を止めて蓋をする。5分間待ってから出汁のパックを取り出して急冷してボトリングする。要冷蔵。


## タマリンドシロップ

タマリンドペースト　225g
水　1500ml
グラニュー糖　適量

1　タマリンドペーストと水を手鍋に入れて強火で温める。沸騰したら弱火にして、ペーストを溶かしていく。とろみが強すぎる場合は水を足し、サラサラすぎる場合はタマリンドペーストを加える。完全に溶けたら、火から外し、シノワで濾す。
2　計量して1.5倍のグラニュー糖を加え、再度手鍋で煮る。火から外し、急冷してボトリングまたは小分けにして冷凍して保存する。

使用の際は冷蔵保存。タマリンドは非常に酸味が強い。グラニュー糖を加え、どれくらい酸味を残すかは好みで。

## 白トリュフハニーシロップ

白トリュフハチミツ　Miele di Acacia al Tartufo　120g
水　120ml
トリュフオイル　2drops

白トリュフハチミツと水を真空パックし、50℃で20分間加熱する。冷ましてからトリュフオイルを加えて混ぜる。ボトリングして、冷蔵保存。

## 白ごまシロップ／黒ごまシロップ

白ごま（または黒ごま）　60g
水　280ml
グラニュー糖　280g

水とグラニュー糖を手鍋に入れて溶かしていく。白ごまをフライパンで軽く煎って、作ったシロップに入れて蓋をして、弱火で10分間煮込む。粗熱を取り、濾してからボトリングする。冷蔵保存。

## ギネスシロップ

ギネス　Guinness　330ml
グラニュー糖　200g

ギネスを40mlだけ残して手鍋に入れて中火にかけて沸騰させ、弱火にして3分間加熱してアルコールを飛ばす。グラニュー糖を加え溶かし、さらに3分間弱火で煮て、40mlのギネスを加え、1分間煮る。

酒類の香りを活かすシロップを作る場合は、必ず最後に少量足す。その酒類の香りがするシロップができる。

## コーンシロップ

コーンジュース　300g
グラニュー糖　200g

コーン缶詰からコーン粒と汁を取り出し、ブレンダーにかける。液体だけ濾し、手鍋に入れる。砂糖を加え、弱火で5分間煮詰めてボトリングする。

濾した際の残留物はディハイドレーターで乾かしてチップを作り、カクテルのデコレーションに使用する。


## フレッシュコーンシロップ

ゆでたトウモロコシ　2本
水　300〜400ml（トウモロコシのサイズに応じて）
グラニュー糖　適量

ゆでたトウモロコシの実を包丁で削り取る。水と合わせてブレンダーにかけ、濾して、液体を計量する。同じ分量の砂糖とともに手鍋に入れ、トウモロコシの芯を加えて中火で3分、弱火で3分間煮詰める。粗熱が取れたらボトリングする。芯から香りが出るので必ず煮る時に芯を入れること。


## カカオニブ＆バニラシロップ

カカオニブ　2tsp.
バニラビーンズ　5本
水　500ml
グラニュー糖　400g

材料を手鍋に入れて中火にかける。グラニュー糖が溶けたら蓋をして10分間加熱する。火を止めて1時間冷蔵庫に入れておき、濾してボトリング。冷蔵保存。バニラビーンズは取り出して再利用する（2回まで使用できる）。


## ピスタチオシロップ

ピスタチオペースト（Babbi）　80g
水　300ml
グラニュー糖　200g

材料を手鍋に合わせて加熱し、ピスタチオペーストが溶けたら火からはずす。粗熱を取ってボトリングする。冷蔵保存。


## レモンバーベナ＆ディルコーディアル

レモンバーベナ　8g

ディル　3本
水　300ml
グラニュー糖　300g
クエン酸　3g

グラニュー糖と水でシロップを作り、その中にディルを入れてハンドブレンダー撹拌する。レモンバーベナを加え、蓋をして10分間置く。クエン酸を加え、味をととのえる。粗熱が取れたらボトリングして冷蔵保存。1カ月使用可能。


## コールドブリューコーヒーコーディアル

スペシャルティコーヒー豆（中挽き）　40g
水　1150ml
グラニュー糖　700g
クエン酸　5tsp.（目安）

1　挽いたコーヒー豆を挽いて水と合わせ、冷蔵庫に15時間置いてからフィルターで濾す。
2　手鍋にとって弱火で700mlになるまで煮詰め、グラニュー糖を加え、溶けたらクエン酸を加える（クエン酸は少量ずつ加えて、好みの酸味で止めるとよい）。冷やしてからボトリングする。冷蔵保存。


## ラズベリーシュラブ

ラズベリー　170g
ホワイトヴィネガー　475ml
水　475ml
グラニュー糖　600g

1　ラズベリーをブレンダーで撹拌して、ホワイトヴィネガーに合わせて3日間漬け込む。
2　シノワで濾し、手鍋にとって水とグラニュー糖を加え、弱火で温める。グラニュー糖が溶けたら火を止め、常温に冷ましてからボトリングする。冷蔵保存。


## 紅生姜シュラブ

紅生姜　100g
水　200g

グラニュー糖　200～300g

紅生姜と水を合わせてハンドブレンダーで撹拌する。濾してから計量して、同量のグラニュー糖を加えて手鍋で5分間煮込む。粗熱が取れたらボトリングして冷蔵保存。

# 5. その他のキーパーツ

### ハニージンジャーエッセンス

生姜（すりおろし）　550g
クローブ（ホール）　20本
オールスパイス（ホール）　10個
カルダモン（ホール）　8粒
レモングラス（冷凍）　1本
レモンバーベナ（乾燥／ティーバッグ）　2袋
シトラスペッパー　8粒
シナモンスティック　2本
シナモンパウダー　少量
レモンスライス　2個分
レモンジュース　50ml
グラニュー糖　130g
ハチミツ　40g
水　650ml

1　スパイス類と水を手鍋に入れて30分間弱火で煮込む。
2　生姜、グラニュー糖、ハチミツ、レモングラス、レモンスライス、レモンジュース、レモンバーベナを入れて10分間弱火で煮る。
3　火から外し、冷めたら密閉容器入れて冷蔵保存。数日すると生姜は徐々に辛さが取れていき、スパイス感が強くなる。

## ミルクウォッシュリキッド（ノンアルコールミクルパンチ）

牛乳　150ml
ココナッツウォーター　310ml
レモンジュース　100ml
オレンジピール　2個分
レモンピール　1個分
パイナップルスライス　1枚
クローブ　8本
スターアニス　2個
シナモンスティック　1本
シュガーシロップ　70ml
好みで：ドライジンジャー 1/2tsp.、青ほうじ茶 5g

1　スパイスをすり鉢で軽く砕く。牛乳以外のすべての材料を真空パックにして冷蔵庫に入れ、で24時間漬け込む。取り出して濾す。
2　150mlの牛乳をゆっくり温めて60℃にする。これを1に加え、ゆっくりとかき混ぜる。次第に分離し始める。
3　冷蔵庫で1日置いた後、コーヒーフィルターで濾して完成。遠心分離機があれば、残った液体も遠心分離する。

ホエーたんぱく質は80℃前後から変質し始めるため、沸騰はさせないこと。ただし生乳の味わいを保ちつつも、熱殺菌するために65℃前後まで加熱する必要がある。急激に温度を上げて60℃にしてもうまく分離しないので注意する。
オプションのドライジンジャー、青ほうじ茶を入れるとさらにアクセントが加わる。冷蔵庫で漬け込むときに一緒に入れるとよい。

## クラリファイドトマトジュース

トマト　2個

1　トマトを粗く切って、容器に入れてハンドブレンダーで攪拌し、ピュレ状にする。

第5章　ミクソロジーを構成する自家製材料レシピ

2　遠心分離機のチューブ容器に均等に入れて、セットする。3500回転、10分間で固形分を分離する。チューブを取り出し、液体の表面に浮いた皮の部分を捨ててから、茶漉しで濾す。下に溜まったゼリー状のものは一度混ぜて二つのチューブに分けて入れて、3500回転、5分間回し、残留分の液体も分離させる。

遠心分離機を使わない場合は、1をガーゼ、もしくはコーヒーフィルターでひと晩かけて冷蔵庫内で濾していく。でき上がりは遠心分離機と同じだが、自然落下による抽出なので、総量として歩留まりは悪くなる。
保存は3日。冷蔵保存必須。できればバキュバンで空気を抜いておくとよい。


## チョコレートガナッシュ

チョコレート　ヴァローナ カラク（カカオ56%）　500g
生クリーム（乳脂肪38%）　150ml
無塩バター　50g
転化糖　58g

1　チョコレートを湯煎で温めて溶かす。その際、湯の蒸気がかからないよう気を付ける。
2　生クリームを沸騰させる。沸騰させすぎると分量の誤差が出るので、一度沸かす程度にする。
3　チョコレートが35℃前後、生クリームが65℃前後になったら、少量ずつ生クリームをチョコレートに入れてヘラで混ぜて乳化させていく。
4　生クリーム全量を入れて乳化させたら、無塩バター、転化糖と加え混ぜていく。バターは塊の状態だと溶けづらいので、ある程度常温でやわらかくしておくか、少し温度を上げて溶かした状態で混ぜると全体と乳化しやすい。
5　チョコレートが乳化して艶が出て来たらディスペンサーか絞り用ペーパーに移し、半球体のシリコンモールド（シリコン製の型）に注いでいく。冷蔵庫に入れ、冷えたらバットに移して冷蔵庫または冷凍庫で保存する。

冷凍庫だと保存は3カ月。冷蔵庫だと保存は2週間ほどが目安。少量のウオッカを入れておくと冷蔵でも約1カ月は持つ。


## コールドブリューココナッツコーヒー

コーヒー豆　20g
ココナッツウォーター　330ml（日本ではRoyal Perlの製品を推奨）

豆をミルミキサーで中挽きにする。ココナッツウォーターとともに水出し用のコー

ヒー抽出器にセットし、約10時間かけて抽出する（または豆とココナッツウォーターを混ぜて冷蔵庫に約12時間置き、その後コーヒーフィルターで濾す）。保存は密閉容器、冷蔵保存。4日間保存可能。品質保持は3日間。

## フォアグラアイス

フォアグラウオッカ（p.250）の残留液　200g
卵黄　3個
グラニュー糖　60g
生クリーム　125ml
ポートワイン　15 ml

卵黄とフォアグラウオッカの残留液、グラニュー糖を湯煎で溶かし、乳化させる。濾してから生クリーム、ポートワインを合わせ、アイスクリームマシーンにかける。

## 焦がし醤油パウダー

1　醤油を適量フライパンに入れ、弱火にかける。泡立ち始めたらフライパンを回しながら焦げつきすぎないように注意する。とろみが少し出てきたら火から外し、キッチンペーパーの上に移し、薄く広げる。
2　ディハイドレーターを57℃、10時間でセットし、乾燥させる。乾燥したら、一度取り出し、1時間ほど置いて冷ます。
3　その後、適当な大きさに割ってミルミキサーで攪拌しパウダー状にする。密閉容器にシリカゲルと一緒に入れて保存する。

## 味噌パウダー

1　合わせ味噌を薄く伸ばしてキッチンペーパーの上に薄く広げる。ディハイドレーターを57℃、10時間でセットし、乾燥させる。
2　取り出して1時間ほど置いて冷ましてから、適当な大きさに割ってミルミキサーで攪拌しパウダー状にする。密閉容器にシリカゲルと一緒に入れて保存する。

## 6. ガーニッシュ

### ドライフルーツチップ

ドライフルーツチップを作る際は、薄くスライスしてディハイドレーターのトレイにのせて乾燥させる。フルーツは基本57℃、野菜は52℃が推奨温度とされている。柑橘類は約6時間で取り出し、そのまま3時間置いておけば完成する。果汁が多いものは8時間ほど乾燥させて状態をみる。保存はシリカゲル（乾燥剤）を入れて、密閉容器に入れる。

使用しているのは、オレンジ、パイナップル、りんご、いちご、いちじく、キウイ、ライム、トマト、キュウリ、ルバーブなど。キュウリとルバーブは縦にスライスして作る。

### ライスフラワーチップ

生春巻きの皮　2枚
エディブルフラワー
オレンジスライス
レモンスライス
ディル　各適量

水で戻した生春巻きの皮の上に上記の材料を散りばめ、もう一枚の生春巻きの皮を重ねる。ディハイドレーターで3時間乾燥させれば出来上がり。好きな形にくりぬきたい場合は30分乾燥させた段階でセルクルなどの型抜きで形を作る。中国料理店 Chi-fu の東浩紀シェフから教えてもらい、時々使っている。

第 6 章

カクテルの構築方法

# 1. 基本の構成理論

カクテルはどうやって作るのか？　もちろん人それぞれ順番もあるし、方程式がある。理論というと仰々しいが、「レシピの基本の考え方」と思って読んでいただきたい。

[**伝統的なレシピパターン**]
2000年代の初期まで、私がカクテルを構成するときは既存のベースレシピを参考にすることが多かった。
- 30ml：30ml：15ml（スピリッツ／リキュール／果汁）
- 45ml：15ml（スピリッツ／果汁）
- 20ml：20ml：20ml（スピリッツ／リキュール／リキュール）
- 40ml：10ml：10ml（スピリッツ／リキュール／リキュール）

非常にわかりやすく、何よりキリがいい。しかし、素材に多様性が生まれ、味わいも多種多様に変わった今、このようなレシピだけでは表現の限界がきている。さらに奥深い味わいや立体的な味に仕上げるためにはあらゆる可能性と組み合わせを検討する必要がある。

[**さまざまな可能性の土台となる、基本フレーム**]
広大な可能性を検討する前に、まず「ベースの考え方」を決めておくほうがいい。私は基本的に、下記の考え方からスタートしている。

> 基本フレーム＝メイン＋フレーバー＋アクセント

まず、この基本のフレームがあり、このフレーム内にいくつかの要素が複合的に入り、最終的にカクテルレシピとして完成する。たとえばマティーニとジントニックをフレームにあてはめると、

　マティーニ
　メイン（以下M）／ジン
　フレーバー（以下F）／ベルモット
　アクセント（以下A）／オレンジビターズ

　ジントニック
　M／ジン
　F／トニックウォーター
　A／ライム

そしてマティーニのフレーム内を以下のように複層的にすれば、より複雑で味に広がりのあるレシピとなる。

マティーニ：基本フレーム内を複層的に

M ／ゴードン、タンカレー No.Ten、季の美

F ／ノイリープラットドライ、ノイリープラットドライオールド

A ／オレンジビターズ

この応用法を、いろいろな場合に当てはめる。

果物のカクテル

M ／スピリッツ（単体、複数等）

F ／果物、野菜等（フレッシュ、コンポート、グリル、ピュレ等）

A ／調味料（ペッパー、ヴィネガー、スパイス、コーヒー、ビターズ、ティンクチャー等）

複雑なレシピであっても、分解して整理すれば大きくはこの三要素に分けられる。しかも、この三つのバランスが悪いと美味しくないことが多い。今までさまざまな料理を食べてきたが、料理においてもこの構造が当てはまる。メインは中心の食材、フレーバーはソースや調味料、アクセントはガルニチュールやプラスαの何か。このそれぞれを「一つの素材」ではなく「複数の素材」で作りあげることで非常に創造的な一品に仕上がる。あるいはまた、ぎりぎりまでそぎ落としてシンプルな究極な一品にもなる。カクテルも同じで、メイン、フレーバー、アクセントを複数の素材を作ることで、より複雑で、より面白いものへと段階的に高めていくことができる。あるいは素材を加工して、単体では出せない味をつくることも可能だ。

ただしその複雑性も、ベースのバランスがあってこそである。まず基本として、前述の伝統的レシピパターンを元に具体的構成を考えていく。M：F：Aのそれぞれを複数にしていく場合も、そのバランス内でスタートしてみるといい。

決まった方程式のようなレシピはないが、よく使うものとして、以下のレシピパターンがある。

■ 20ml：20ml：20ml ＋○ dashes

■ 40ml：15ml：10ml ＋ α（果物？）＋ ○ dashes

■ 40ml：10ml：10ml

……これに最終的にベーススピリッツを数 ml 増やしたり、アクセントで複数のビターズやエキスを数ダッシュずつ加えたりすることが多い。

[メイン、フレーバー、アクセントの力関係]
ここで量のバランスと構造の関係性が重要になってくる。メインとフレーバーとアクセントの力関係である。メインとは「味の骨格」を指す。全体を支えるものであり、キャンバスの下地に近い。フレーバーは「メインを覆うベール」のようなものであり、キャンバスに塗る絵具である。ここで全体の色が決まる。重要なのは「メイン＋フレーバー」の段階で美味くないといけないということ。ここでアクセントを加えないと美味しくないとしたら、そもそも何かが足りないと思ったほうがいい。考えるべきは以下2点である。

- フレーバーとメインの相性が間違ってないか？
- 量のバランスが悪くないか？

メイン、フレーバーのバランスを取った上で、さらに味をもう一段階上げるためにアクセントを加える。アクセントは仕上げのようなもので、カクテルに光沢を与えたり、変化を与えたりする重要な役割である。アクセントを入れすぎるとフレーバーと立場が逆になってしまう。絶対に守るべきルールは「フレーバーよりアクセントが強くならないこと」。アクセントはあくまでアクセントなので、味で言うと、口にして4秒後、5秒後に味覚に現れるようにイメージする。時に余韻であり、フレーバーを最後に変化させる役割である。

メインとフレーバーの関係も同じだ。メインが弱すぎるとフレーバーがメインになってしまう。ソースの味が強すぎて主役の肉の味がてんでわからない料理のようなものだ。カクテルでも往々にしてこういうことが起こる。

まとめると、カクテルの構成を考える時は、各パートの構成を考えること。力関係を整えること。口の中で広がる味がメイン、フレーバー、アクセントの順番で感じられるかどうか、もしくはそれぞれがバランスよく味覚に感じられるられるかどうか。今後、カクテル構成はさらに変わっていくと思う。さらに複

雑になるケースと極めてシンプルなケースの両極端なものが出てくることが予想される。究極にシンプルなものは水割りだ。水割りのフレーバーをどうやってコントロールするかというと、比率もあるが、技術の割合が高くなる。「素材」と「技術」が「構成理論」に入ってくるとレシピ、バランス、素材、技術という４つでカクテルを構築することになり、さらに複雑になる。本書を全て読み解くと、その答えや片鱗が見えてくるはずだ。各レシピから、ここでは何がベースで、何がフレーバーで、何がアクセントなのか、素材が重要なレシピなのか技術が重要なレシピなのかをぜひ読み取っていただきたい。創造のトレーニングになると思う。

[ステアとシェイクの選択による調合の調整]

シェイクかステアか迷う時があると思う。フルーツカクテルならシェイク、酒類同士の構成ならステアという人もいるかもしれない。どんなスピリッツやリキュールを使うかでも変わる。かつて、カクテルで使う酒類ははっきりした味わいのものが多かったが、近年はクラフトジンしかりで、繊細な素材が増えている。ベースのスピリッツや液体自体の味わいがすでに複層的で面白いのであれば、それを活かすことが大事になる。その場合はシェイクより、ステアで作ったほうがいい。たとえジンフィズでも。卵、クリーム、チョコレート、オイル成分のある素材以外ならステアで作れる。

フルーツ系はとくにステアで作ると味わいがより立体的になる。そもそも果物を必要以上に冷やして加水すること自体、どうなのか、である。果物の甘みを一番美味しいのは適度に冷やして、そのまま食べることだろう。カクテルであれば、シェイクよりステアのほうが向いているということだ。

果物系のカクテルをステアで仕上げるケースを考えてみよう。ステアなので当然、味わいがストレートに出てくる。アルコール感が強ければベーススピリッツの量を減らす。果物はできるだけペストルでつぶして濾す。昔ながらにガーゼで濾すとサラサラになりすぎるので、ザクロや柑橘はいいが、果肉があるものは茶漉しを使う。また、ステアで仕上げるとシェイクの時とは酸味と甘みの感じ方が変わってくる。液体は重くしっとりと、甘みはストレートに、酸味はおだやかに感じる。シェイクの場合は冷却することよって甘みが抑えられる。ということはステアならば甘みを減らし、酸味も同時に少なくする。つまり、基本の考え方が「繊細なベースを活かすこと」なので、ベースのスピリッツをシェイクの場合より少なくし、甘酸味も減らす。たとえば次のようになる。

第6章　カクテルの構築方法

| ［シェイクの場合のレシピ］ |
|---|
| 45ml　繊細なスピリッツ |
| 15ml　レモンジュース |
| 10ml　シロップ |
| 4 粒　いちご |

▶

| ［ステアの場合］ |
|---|
| 40ml　繊細なスピリッツ |
| 10ml　レモンジュース |
| 5ml　シロップ |
| 5 個　いちご |

この微妙な量の違い、シェイクかステアかという技法の違いで、まったく違う味わいになる。

液体にとろみがあると、時間ともに口当たりを重く感じたり、甘みを強く感じたりする。その場合は、提供は氷を入れたロックスタイルがよい。いちご、マンゴー、メロン、いちじくをステアで仕上げる場合は氷を入れたほうが冷たさも維持しつつ、加水されて徐々に飲みやすくなっていく。一方、水分量が多い果物を使う場合は氷はないほうがよい。スイカ、オレンジ、グレープフルーツなどの柑橘類、ぶどう、トマトなど。ショートスタイルで、口当たりがよい薄いグラスを選んだり、香りが広がるワイングラスで提供するのもよいと思う。

今後、スピリッツの完成度はどんどん上がるだろう。それを使いこなし、活かすには「ステアで仕上げる」という考えがきっと役に立つ。

## 2. オリジナルカクテルの発想法

私が世界中のどこでカクテルを作っても必ず聞かれるのが、「このレシピはどのようにして考案したのか」である。バーテンダーの誰もが興味をもつ。私自身がカクテルを考案する原点や過程はさまざまだが、発想法を大きく分けると以下6カテゴリーになる。

①コンセプト（ストーリー、主たるテーマ）
②ヴィジュアル（写真）
③素材（作ったもの、作られたもの）
④構成要素と相性
⑤妄想
⑥閃き
…＋環境

### 1）コンセプト

2010年くらいからカクテルに「コンセプト」が求められるようになった。コンセプトとはつまり、そのカクテル独自の意味、テーマ、物語といったものである。個性的な題名やストーリーにはカクテルの付加価値を高め、新しい流れをもたらした。その背景には各店舗のメニューの差別化意欲もあるが、大きくはコンペティションの影響が強い。

ちょうどその頃からメーカー主催のカクテルコンペティションが非常に盛んになり、向上心あるバーテンダーがこぞってエントリーするようになっていた。出品カクテルには強いストーリー性が必要であると考えられた。コンペティションといえども商品のプロモーションの延長線上にあるわけで、主催者は消費者への訴求力のある「ストーリー＝コンセプトメイク」をその中心に置き、世界中のバーテンダーに求めたのである。数千〜数万人が考えれば膨大な量のコンセプトやストーリーが生まれる。カクテルが次々と生まれ、流行りのテーマが生まれては次々と移り変わるようになった。代表的な例を挙げれば、「禁酒法時代のカクテルのリメイク」「ティキ（Tiki）カクテル」「映画」「香水のカクテル化」「シュールレアリスム」「小説（ヘミングウェイなど）」「旅」「ローカルの文化」「茶の文化」…等々。

さらに、個人がコンペティションのために「コンセプトのある一つのカクテル」を考える時代から、各バーが「コンセプトのあるメニュー」を開発する時代に

移りつつある。たとえば「地元素材だけを使ったサスティナブルなカクテル」「日本の森の中にある植物園の研究者が作ったカクテル」のような、テーマを限定とした上で、一貫したストーリーをもったカテゴリーの開発である。

［メニューコンセプト作り］
どうやってコンセプトを考え出すか。どんな企業でも売れる商品コンセプトがどんどん出てくるはずはなく、弊社メンバーもコンセプト作りに悩む。私はアイディアの整理を以下の方法で行なっている。

1．まず、思いついたアイディアをひたすら並べて書く（できるだけ「実現不可能なもの」「変なもの」を。思い付きのアイディアでも、実際に他店にあるものでもよい）

2．アイディアの一つを選ぶ。紙の中心に書いて○で囲み、それをもとに考えられるカクテルのカテゴリーを外側に書いて○と線でつなげる。この段階で数種類のカテゴリーが書けないとそのコンセプトは却下だ。最低でも3種類のカテゴリーが書けるものを次の段階へ進める。

3．書いたそれぞれのカテゴリーから考えられるカクテルを同じようにカテゴリーの○の外側に書いていく。これも最低3種類以上書けないとだめだ。
↓
最終的に中心に1つのコンセプト、その周りに3つのカテゴリー、その周りに3種＝合計9種のカクテル案が上がることになる。最低9種類のカクテル案が出れば、そのコンセプトはよいコンセプトと言える。逆にどこかで引っかかったらコンセプトまたはカテゴリーに問題がある。何ごとも発想力が原点だが、迷ったり悩んだときにはこの図が判断基準になる。

コンセプトづくりの例

## Step 1　コンセプト候補一覧を書き出す
• 原始時代のカクテル　（出来るだけ勝手に発酵した素材を使う？）
• オーガニック＆ビーガンカクテル（使用素材はすべてオーガーニック、ビーガン用に揃える）
• ハチミツと花をメインにしたカクテル（世界中のハチミツを集めてリキュール、ミード、シロップを作る）
• シングルオリジンカカオカクテル　（シングルオリジンのカカオのみを使ったスピリッツとカクテル）
• 日本のお茶を使ったカクテル（日本中のお茶を厳選してカクテル化する）

- 日本酒を使ったカクテル（日本酒を使った今までにないカクテル）
- 未来のエネルゲンカクテル（すべてに昆虫を使ったカクテル。アリとかバッタ、血液とか）
- 発酵カクテル（使うものはすべて発酵系に。日本酒、ワイン、フルーツワイン、ミード、味噌、醤油等）
- スペースカクテル（宇宙空間で飲めるカクテル）
- 世界中のお茶のカクテル（中東、南米で作られるお茶を使ったカクテル）
- デザートカクテル（アーティスティックなデザートカクテル）
- アロマッチングカクテル（香りを嗅いでから飲むと味が変化するカクテル）

### Step 2　候補を一つ選んでカテゴリーを考案する

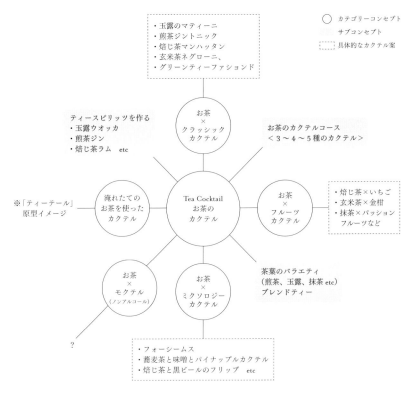

上が、お茶を使ったカクテルコンセプトを考えた時に書いた図。書き始めた時点でカテゴリーが確立し、カクテルも想像でき、「メニュー」としてスタート可能であると判断。これが「お茶のカクテル」専門店舗へとつながった。

## ２）ヴィジュアル

私はカクテルやドリンクの写真を、資料用に 1000 種類以上パソコンに保存している。それらのヴィジュアルからイメージを起こしてカクテルを作ることがある。もちろん写真からは味の構成要素はわからない。味よりも先に仕上がりのデザインを固め、色、透明度、スタイルにおおよそのイメージをつけてから、具体的なレシピに落とし込んでいくのである。

この場合、10 人いれば 10 パターンのレシピができてしまうので、メンバーでヴィジュアルを共有して全員で考えることもある。こうして作ったのが「アロマスモークガルガネッラ」（p.134）だ。"スモークをまとったロックスタイルのカクテル"という絵面は比較的よく見るが、だとしたら味わいは想像とは異なるものにしようと、複雑に仕上げている。

## ３）素材（作ったもの、作られたもの）

「素材」からスタートして、カクテルを組み上げていく方法。カクテル素材（＝材料）には「自分で作るもの」と「既存のもの（作られたもの、天然のもの）」の二通りがある。自分で作るものの好例が、ブルーチーズコニャックやわさびジンなどのインフュージョンスピリッツ。これらは「それを使うカクテル」が先にイメージとしてあったわけではなく、まずはよい素材（スピリッツ）を作ることに専念して作ったものだ。でき上がってから試作をして、相性を調べ、特性を調べ、次第にカクテルができ上がってくる。

重要なのは試作と考察だ。たとえばフォアグラウオッカを使ってウオッカギムレット、ブラックルシアン、フルーツカクテル等を作ったとする。できが悪すぎて吐き出したくなる可能性も大いにある。まず酸味が合わない。構成の中に甘みがないとバランスが取れないことがわかる。逆に、甘みがあると味がマイルドに広がる。そうやって、ネガティブなポイントを消していき、特徴を生かしてカクテルにしていく。そうしてきたのが「ガストロショコラマティーニ」（p.172）、「ブルーチーズマティーニ」（p.170）だ。

「既存のもの」の場合もその相性、特性を知り、組み立てる。私はカクテルを作るとき、この方法がかなり多い。だから、どんどん新しい「素材」を作る。「素材」があればそれだけそこから新しいカクテルが生まれていく。新しいカクテルがなかなか生まれない、という人は発想よりまず目の前の素材を見直してみるといい。

## ４）構成要素の関係性

素材と素材の相性、構成パーツ同士の関係性を軸にして、カクテルを組み立てて行く方法。それには知識が必要になる。私はより多くの事例やヒントを探すために旅に出たり、つねに意識的にリサーチをしている。

### ①専門書、料理本からヒントを得る

相性を知るためにいろいろな書物からヒントを得る。下記はとくによく参考にするもの。

『風味の辞典』（Niki Segnit 著　曽我佐保子・小松伸子訳　楽工社）、『Cooking For Greeks 料理と科学の実践レシピ』（Jeff Potter 著　水原文訳　オライリージャパン）、『プロのデザートコレクション』（柴田書店編）、『ソースの新しい使い方・見せ方』（現代フランス料理研究会著　旭屋出版）、『Modernist Cuisine at Home　現代料理のすべて』（Nathan Myhrvold 著　山田文ほか訳　KADOKAWA）、『発酵の技法』（Sandor Ellix Katz 著　水原文訳　オライリージャパン）、『マギーキッチンサイエンス』（Harold Mcgee 著　香西みどり監修　共立出版）

デザートの組み合わせから素材の組み合わせを学び、料理のソースから調理で使う食材と調味料の相性を知る。そして科学的な検証から理論を理解し、素材へのアプローチを考える。たとえば豚肉を使ったカクテルを考案しようという時に『風味の辞典』を見ると、豚肉と相性がよい素材一覧が掲載されている。たとえばディル、オレンジ、マスタード、チーズなど。そこから、ベーコンを漬け込んだスピリッツと新鮮なオレンジの果肉を組み合わせて、仕上げには少量のディルを浮かべる…といった構成に組み立てていく。

多くの場合、まず相性のよい事例を探し、その中から何を選び、どう使うか、パズルのように組み合わせて作り上げていく。「黒トリュフといちごのデザート」をヒントにしたときは、トリュフはスピリッツに漬け込むか、それともトリュフハニーを使うか、いくつかの可能性を想定。いちごは基本フレッシュがいいが、ジャムのような状態もいいかもしれない。最終的には黒トリュフウオッカを作り、いちごはバニラと一緒にコンポートにして、シェイクでカクテルに仕上げた。

### ②製造方法、生育環境に目を向ける

相性のよいものを探すうえで、製造方法や産地がヒントになる。同じ製造方法を経るものはたいてい相性がいい。発酵食品同士は典型だ。味噌とチョコレート、日本酒と味噌、コーヒーとチョコレートもそう。産地が近いもの、生育環

境が近いものも相性がよい可能性が高い。たとえば、ごまとカカオはともに暑い気候下で育つ。ごま油とチョコレートの相性はよく、カクテルとして成立する。カカオの木の横でマンゴーやバナナの木が共生していたり、茶畑の近くで芋を植えられていることを見逃してはならない。そういう場合はたいてい相性がよい。同じ産地の日本酒と果物は相性がよく、日本酒のフルーツカクテルにするときは必ず産地から選ぶようにしている。

### ③カクテルブックに学ぶ
海外のカクテルブックもときに参考にする。ざーっとレシピを見ていき、自分が作らなそうな味のタイプや変わった配合をあえて選んで作ると、非常に美味しかったり、面白い味に巡り合うことがある。

自分でカクテルを作っていると、どうしても慣れ親しんだ味に偏っていってしまうものだ。よく使う配合ばかり多用したりする。それを一気に変える時に海外のバーテンダーのレシピは参考にも勉強にもなる。大事なことは実際に作り、味を確認すること。カクテルブックは見るだけでは意味がない。

## 5）妄想

妄想は想像と近いが、あえて妄想と書いた。コンセプトとまでいかず、「こんなカクテルがあったらいいなぁ」程度の妄想である。その事例が「トムヤムクーラー」（p.162）「インモラリティザモンク」（p.180）である。トムヤムクーラーは「ちゃんとしたトムヤムクンの味がしてごくごく飲めるカクテルがあったら面白いだろうなぁ」という妄想から始まり、「坊さんが隠れて飲んでいるカクテルはどんなんだろうなぁ」という妄想からインモラリティザモンクを作った。ほかにも、「パンケーキのような触感と味のカクテル」「石のテイストを感じるカクテル」「α波が出るカクテル」「原始時代の材料で作るカクテル」「釉薬をイメージしたカクテル」「さまざまな木や香木、樹脂を使ったカクテルシリーズ」…等々。妄想しているイメージは山ほどある。

## 6）ひらめき

ひらめきは瞬間的に頭に降りてくるものだ。残念ながら"こうしたらひらめく"という処方箋はない。しかし、ひらめきを得るため、確実にとらえるためにすべきことはある。
まずは環境を整える。新しいもの、創意工夫したものを作るためには何よりそ

れに即した環境が必要である。ひらめきには鮮度がある。ひらめく時は一瞬で、その場で形にしないと往々にして消えてなくなってしまう。アイデアをその瞬間に具現化するためには、身の回りにあらゆる素材、機材がないといけない。「これを作りたい。だが素材がなくて来週になる」では話にならない。来週はアイデアはもう違うものに変わっているか、そもそも頭にそのひらめきが残っている可能性が極めて低い。

いつひらめいてもいいよう、機材、素材、酒類等は現在使うもの以外にも豊富に揃えておく。バックバーを眺めるだけの時間を毎日30分ほど取っていた時期もある。客席に座り、バックバーを眺める。目に入る素材を見ながら、視覚の中でランダムにつなぎ合わせていく。ぼんやりイメージが湧くまで見続ける。視覚でも、味覚でもそうだが、一度脳に入ってしまえば消えることはない。一度入れてしまえば、いつか瞬間的に素材同士がつながり、レシピになる。

アイデアが出ないということは脳の中でピースが足りてないか、素材が溢れていないからだと私は考える。アイディアが出ないときは、必要と思われることをインプットし続ける。本を読む、ウェブを見る、食品を探しに行く、食材を食べる、シェフ、バーテンダーを含む専門家と話す、等々。歴史が必要な場合は歴史の本を読み、食材の成分構成の話であれば食材辞典からクックパットまでくまなく見る。そうやってインプットを増やしていくと溢れる瞬間があり、そのときにアイディアが出てくる。出たらすぐに具現化をして、レシピに落とし込んでいく。これが一連の流れである。

私は、アイデアは基本的にすぐに出るものではないと思っている。これが大前提にあるので、よいアイデアが出なくても焦らない。そもそも出ないものだから、すぐ出なくても気にしない。ひたすらインプットすれば必ず出ると信じているし、実際に出てくる。ひらめきとは才能というより、努力の時間と質の問題だと思う。組み合わせ事例はセンスということもあるだろうが、より多くの材料と情報があれば同じような組み合わせは誰でも考えられる、と考えておくほうがいい結果を得られると思う。

大事なのは「環境の整備」「インプット＝知る」「アウトプット＝作る」「検証＝意見を聞く」のサイクルをしっかり深く、時間をかけてやることである。

## 3. より多くの意見に耳を傾ける

私の店ではシーズンによるメニュー改変や、新店舗のメニュー作りの際は、チームでカクテルを考案する。複数のバーテンダーがバラバラに考えるとまとまりがなくなるので、次のような方法で行なっている。内容にもよるが、まずは①さっぱりした味、②フルーティーな味、③甘めな味、④苦いまたはアルコールが強い味、⑤変わったチャレンジングな味、といったカテゴリーを作る。そのカテゴリーごとに各何種類かを決める。たとえば、

①さっぱりはオーダー数が多いので6種
②フルーティーはシーズンもあるので4種
③甘めの味はニッチなので2種
④苦め、強めは最近外国人も好むので3種
⑤変わったものはメニューのアクセントになるので2種

…として、まず担当を振り分ける。その際、ほかに条件があればつけておく。たとえばメスカル、オードヴィー、シャンパンは各々1種類を使うこと、など。こうやってスタートし、内容がかぶらないように交通整理もしてから進む。ある程度レシピができたら合同で試作・試飲（作者名は伏せる）。でき上がったカクテルに番号をつけて、全員で試飲して、各自がコメントを書いて、カクテルに付箋で貼り付ける。意見を一通り話したら、その付箋は作った本人が回収し、参考にする。そして次の仕上げに活かしていく。

私自身が味をすべてを決めると、自分の好きな味に偏る恐れがある。その可能性が出たので実施したのがこのやり方。私があまり好きではないカクテルでも、あるスタッフからすると「意外性があり、すごく美味しい！」となることもよくある。私だけが試飲していたらNGを出して、陽の目を見なかったかもしれない。自分の意見は自分の意見でよいが、必ずしも正しいとは限らないし、お客様の好みも千差万別。嗜好品なので、多数派の意見は必ず聞く価値がある。

バーテンダーは自分で作りたがるもので、あまり人の意見は聞きたくないという人も多い。しかし、評価するのはあくまでお客様なので、多様な意見を聞かねばならない。私もカクテルを考案した時、メニュー化するまで必ず最低10名のお客様に飲んでいただき、感想をもらってブラッシュアップするようにしている。そうするとレシピの穴が見つかり、最初はひらめきだったアイデアが、より完璧なものになる。多様な意見を言い合える無記名のカクテル試飲評価はメンバーが多いとさらに有効だ。やってみるとよい意見が必ずもらえる。

最終章

バー業界の未来

最終章　バー業界の未来

# 1. これからのバーテンダーに求められるもの

## バーテンダーという職業、立場、意識の変化

バーテンダーという職業が社会的にどのような位置にあったかは、とても重要な点だ。昔はどの国でも、バーテンダーといえば"ならず者"のイメージが強く、社会的な地位は低かった。その地位が向上する最初のきっかけは、アメリカであればジェリー・トーマス Jerry Thomas（1830 –1885）であり、ロンドンであればハリー・クラドック Harry Craddock（1876 – 1963）といった時代を輝かせたバーテンダーの存在だった。

彼らは多くのカクテルを考案し、多くのバーテンダーを育て、その技術と知識を書籍で広めていった。日本でも戦後カクテルが普及していったが、ただし社会的地位はなかなか上がらなかった。経済的にも不安定な存在と見られ、バーテンダーであるだけで結婚が許されなかったということもあったという（飲食業全般に言えることかもしれないが）。そんな状況を少しでも打破するために、バーテンダーたちはギルドたる組織を作ってまとまり、一丸となって社会的地位の向上を目指してきた。その意味において、現在ある複数のバーテンダー組織が果たしてきた功績ははかりしれない。

とはいえ、組織の役割も時代とともに少しずつ変わってきた。今はボーダーレスな時代であり、バーテンダーが持つ役割も、目指す方向性も、かつてなく多岐にわたる。一つの組織に所属する形を必ずしも前提としない、自由で幅広い考え方をもったバーテンダーが増え、一方では、組織とはまた異なるさまざまなコミュニティが生まれ、シンポジウムやカンファレンスが開催されるようになっている。今後バーテンダーは、カウンター内にとどまらず幅広い業界とつながり、その価値を広げていくことになるだろう。

社会全体の職業意識の変化にともない、バーテンダーにもフリーランスが増えていくだろう。もちろんそれぞれまだ条件はあるが、語弊なく言うならば、世界中どこででもバーテンダーは働ける時代になった。

## これからのバーテンダーに求められるもの

カウンターを飛び出して自由に仕事をしていく。まさにバーテンダーという職業が、さまざまな要素をミックスして新しい価値を生み出すという意味で「ミクソロジー」という言葉そのものに、なる。

コンサルタントとしてさまざまなバーやレストランのチームビルディングをしたり、コンセプトメイキングに基づき店舗開発をする、という仕事がある。ブランドイメージが強い企業または業界の依頼により、その各ブランドを体現したようなカクテルを作り、ブランディングの一環にすることもある。ファッション、ジュエリー、時計、車をカクテルで表現するのだ。

クラフトジンの影響もあり、世界各国に新しい蒸留所がたくさん開業した。それら多くのマイクロディスティラリーで働くバーテンダー、あるいはバーテンダーとしての知識をもとに監修する人も増えてきた。そうやってバーテンダー自体の生産性が上がると、業界自体にお金が回ってくることになり、店舗も多く出店し、投資家が優秀なバーテンダーに投資して、独立がしやすくなっている。このあたりまでが 2019 年にすでに起こっている現実である。

以上のような仕事は、まだ業界の一部の人間しかキャッチしていないが、今後はもっと増えていくはずだ。バーテンダーは、カクテルの技術と知識はもちろん必要だが、今後さらに多くのものが求められていく。マネジメント能力、チームビルディング、組織コミュニケーション、ティーチング、コーチング能力、企画力、マーケティング、商品開発力、情報収集能力…など。もちろんそれぞれの局面によって求められる能力は違うだろう。そして、その能力が高ければ高いほど、市場における人材価値は上がる。

つまり、リーダーシップがあり、マネジメントができ、コミュニケーション能力が高く、商品開発ができて新時代の人材教育ができる人材（＝バーテンダー）である。現実には、そんな理想的人材はまだごくわずかかもしれない。そもそもどの業界であれ、これだけの能力があれば、引く手あまただろう。しかし、すでにバーテンダーは調合技術、酒の知識だけでは足りなくなっていることは間違いない。だれもが高い目標を持って研鑽すれば、この仕事はさらにクリエイティブで、より幅広く文化に関わるものになる。

多岐にわたる能力を身につけ、世界で活躍するためには日々学び続けないといけない。とくにチームマネジメントは非常に重要な点である。「個」で働くこともまだあるが、チームで働くことでさらに大きな結果を出すようなプロジェクトが増えてきている。店舗もしかりである。チームを作り、目標を設定し、ゴールを達成する強いリーダーが必要だ。リーダーシップも、コーチングも、マネジメントもそれぞれが専門分野なので、おのおのの得意分野、あるいは求められるカテゴリーを選んでしっかりと学ぶことから始めるのが必要だと思う。

そして、長期的に見て最も重要なことは**教育**である。より優秀なバーテンダー

を育てるための教育機関の設立から、各調合技術、バー運営、プロジェクトマネジメントまですべてを網羅したカリキュラムが必要である。インターネット環境があることを前提とすれば、学ぶ場所はどこでもよい。世界中のバーテンダーがサテライトで講師になり、文献や教材は全てその国の言葉に訳され、情報と知識は一気に共有できる。調合技術に加え、マネジメントや管理手法を教え、リーダーシップを学んだ優秀なバーテンダーを世の中に多く輩出していくことが今後の業界発展には不可欠である。この教育に一番力を注いだ国が今後のバー業界を牽引し、世界のバー業界の支えとなるだろう。

## 2. カクテルの未来

カクテルは今後どうなっていくだろうか？　トレンドは一定の周期で廻っていく。およそ小さいトレンドは1年〜2年、スピリッツトレンドは長いもので5年くらいだろう。

カクテルの未来を考えるために再度過去をふり返ってみよう。1800年後期に始まったアメリカのカクテル黄金期で生まれたカクテルは、50年以上かけて徐々に伸びていった。だが、1900年代前半までにまとめられたカクテルや技法はその後、近代までそれほど大きな変化はなかった。第二次大戦後、大きな文化の変換期を迎えてから、物の流れ、時代の潮流、人々の生き方がカクテルへ影響していった。大きな流れを区分けしていくと、第1期1880〜1945年（65年間）、第2期1945年〜1980年代（35年間）、その後1990年代までのあまり変化のない時代を挟み、第3期2000年代〜2019年（約20年間）と分けられる。徐々に期間が短くなってきているのは、もちろん新しい流れのスパンが短くなっているということだ。

2000年から徐々に始まったカクテルの大きな変革は、2008年から急激に伸びて2019年の今も徐々に成長を続けている。ただし、2000年代の変化はいったん踊り場に出たと思う。今後もゆるやかに進むが、技術革新が早く、2030年代頃には自動化も一般的になり、カクテルが一気に姿を変えるのではないかと思う。この自動化は次の項で詳しく述べる。

次はスピリッツも見ていこう。ここ30年でまだ大きなトレンドになっていないスピリッツに、ラム、コニャック、カルヴァドス、フルーツブランデーが挙げられる。ジンの大ブームはその製造のしやすさと地域性の活かしやすさが一因だが、ブラウンスピリッツの場合はヴィンテージの存在が稀少性を生み、人

気が出やすいという側面がある。その点で考えると、ラムかコニャックは今後、流行する要素を持っている。また、世界中のお茶を使ったカクテル、すべてがオーガニックでできたカクテル、ナチュールワインのような自然派ドリンク、新しい製造方法または素材で作られた蒸留酒または醸造酒も、もっと生まれてくると思う。

カクテルのレシピ自体は、現在の傾向である複雑な手法はしばらく続くと思うが、物事は複雑にすればするほど汎用性が乏しくなり、限られた人、限られた環境のみで作られるようになる。だから、世界中の多くの場所で飲まれているトップセールスのカクテルはクラシックなカクテル、シンプルなカクテルが多い。「カクテルをどうやってシンプルに、美味しくできるか」、が重要となる時期が徐々にきている。洗練され、本質的に美味しさに向けて不必要なものを削いでいくようなカクテルだ。

このことは料理業界で、アーティスティックなガストロノミーから、ナチュラル志向の料理へと移行してきたことに似ている。物事に反動はいつも起こり、反対の方向に移っていく。複雑になったものはシンプルに、激しいものは静かなものへ。向こう2年はカクテルのデザインはシンプルで、グラスは上質で繊細なものが選ばれ、デコレーションは最小限で、味わいはシンプルと複雑さがともに混在したもの、とくにエレガントさ（華やかな上質さ）が好まれていく。使う材料よりナチュラルなものが選ばれるだろう。その後はまた大きな動きがあるだろうが、料理業界との連動は変わらない。

現在の料理業界とバー業界の時間差は3年ほどだろうか。おそらく数年後には、料理業界のトレンドが起こってから1年後には、バー業界も迅速に動き始めるだろう。料理業界で何が起こっているかをよく見ておくと、カクテル業界の未来をある程度予測することができる。そしてカクテルの業界の流れをよく見ておけば、コーヒーとチョコレートの業界の流れが見えてくる。その後、お茶の業界へ流れていく。

これはトレンドが波及していく順を見たものだが、各業界への伝播も本当に短くなってきているので、いずれはほぼ1年くらいでどの業界も同じように変化し、影響を受けた動きが出てくることが予想される。それでも、一番早く変化していくのは料理業界であることは向こう数年も変わらないだろう。

**カクテルのオートメーション化に向けて（バーテンダーは必要か？）**

この技術革新の流れの中であらゆることがどんどんオートメーション化してい

最終章 バー業界の未来

く。それは単純作業から始まり、そのうち複雑な手作業までおそらくほとんど機械がとって代わるだろう。コーヒーも酒も料理も一部はそうなっていくはずだ。そのなかでカクテルはどういう流れになるのか？ ここに語るのは未来を予想して準備するために大切な、仮説の話だ。

近い将来、オートカクテルマシンが家庭用、業務用ででき上がる。以下の流れで考案される。

1. 各カクテルについて、それぞれ最適な配合量、温度、製作中の加水量、シェイクであれば空気の含有量を正確に計測する。
2. その数値に基づいて調合を再現し、まったく同じ味に再現可能かどうか、実験する。
3. カクテル自体を約1か月以上保存可能な方法（カプセルなのか、チューブなのか）を開発し、抽出するハード（機械）を作る。なおハードに対するアクションは最低で3ステップまで。①氷を入れる（もしくは自動で製氷する）。②カクテルキットをセットする。③ボタンを押す。④飲む。ここでボトルを入れたり、時間がかかったりするとダメだ。あくまで「セットする、ボタンを押す、飲む」という簡単な方法である必要がある。

カクテルの分析とその再現が可能になれば、現在の伝説的なバーテンダーのマティーニやギムレット、ダイキリをレシピ解析して、未来へ残すことが可能になる。そして、そのカクテルがその先、いつでも、どこでも、誰でも飲めるようになる。深夜のホテルの一室でも、飛行機の中でも、バーテンダーがいないどこの場所でも。

バーテンダーはそのレシピをクリエイトする役目を果たす。シリーズ化したり、限定キットもできる。世界的に有名なバーのメニューシリーズが入っているカクテルキットや、有名バーテンダーのマティーニシリーズなどさまざまな商品が発売される。そのレシピを作るのはバーテンダーである。カクテルのオートメーション化が一般化された未来では、レシピを創り上げられるバーテンダー、魅力的なコンセプトのキットを作り出せる人が求められるようになる。酒類メーカーのカクテルキット用レシピを専門で考案するフリーランスバーテンダーも数多く出てくるだろう。

オートメーション化された未来では、バーテンダーとバーはさらに価値が高まる。どこでも質が高いカクテルが飲めるようになるので、顧客の求めるレベルは現在とは比べものにならないほど高くなる。そうなると技術の低いバーテンダーは淘汰されることになる。ただ、ゲストは自動化されたカクテルを飲んで、こう思う。「いつかこれを作った本人か、そのバーで実際に飲んでみたい」。

日本で NY の有名なバーのカクテルをキットで飲んだ人が、いつか NY のバーで実際にこれと同じものを頼んで飲んでみたいと願う。逆にロンドンに、日本の有名バーのカクテルのファンでよくキットを買って飲んでいるイギリス人がいるとしよう。日本に行ったら必ずそこのバーに行くだろう。そのようにして、オートメーション化されたカクテルはリアルと繋がっていくこになる。

自動化される未来は、バーテンダーが不要になるどころかますます重要性が増していくはずだ。創造性が高いバーテンダーが考案したカクテルが世界中で消費されることで、その地位と職業はさらに変化するだろう。

## サステナブル、環境問題、健康問題に対して何ができるか

サステナブル（持続可能）という言葉がバー業界に影響を与え始めたのは2017 年頃からだと記憶している。まずはごみを捨てない、環境に悪影響を与えない持続可能な営業方法が模索された。シンガポールのあるバーでは一日のごみの量は 100g 以下だという。これは使うものを厳選して、無駄なものは使わず、すべてのものを再利用できるか模索した結果だと言っていた。バーのカンファレンスでも必ず話題にのぼるのだが、業界全体でごみの問題を処理しようとすると行政が関与しないとむずかしいのではないか、という意見も強かった。香港では再利用できる素材を保管しておける保管庫のようなスペースはまず取れないので向こう 5 年は意識としても改革がむずかしいと聞いている。

環境問題には非常にお金と時間と労力がかかる。しかし、けっして無視はできない。できるることから始めていく必要がある。ごみの排出量が少ないに越したことはないが、どうしても生ごみは出る。ごみの処理には、店舗で使用可能な小型のごみ処理システムがほしい。肥料にしてくれるタイプだ。これを買い取る業者がいたり、市街地でファームインビルのような屋上か屋内に畑があれば、そこで使える。ただ、次第に肥料も量が多くなるので、買取してくれることが一番現実的だろう。

具体的にバーテンダーが農業に、環境にどのように寄与できるだろうか。自分の地域の生産物、酒類を積極的に使うことや、他の地域に発信することでも農業を助け、地域の産業を支える一助になる。どんな小さいことでも意味のないことはない。漁業について、畜産についてという大きな問題まではいかないが、何かしらの問題解決の方法は誰しもが考えていかねばならない。

飲酒に関しても健康被害や事故との関係性は否定はできない。明るく飲酒できるために、飲み過ぎによる健康被害や、酩酊することによっての事故を防ぐに

はどうするか。飲まないという選択肢にするとアルコール業界が持続しない。アルコール業界、バー業界が自由にお酒を提供し続け、顧客が自由に、安全に飲める環境とは何か、何が必要かを考える必要もある。ある錠剤か何かを飲むと血中アルコールがすぐさま分解されて酔いが醒める…といったことは、想像上のことにすぎない。「酔う」ことを防ぐより、酔った後に引き起こされる事故、事件、病気を防ぐことが何より重要である。

酒類の成分、飲ませ方、帰宅方法、飲酒後のケアなどについて、今後はもっと過敏に考えていかねばならない。海外ではアルコールの提供は午前0時までの国が多い。日本はまだ自由だが、アルコール提供時間とともにバーの営業時間も見直されて、今後は昼間からオープンし、23時頃には閉店するバーも増えてくるだろう。弊社のバーの一つに11時〜23時までを営業時間とする店舗がある。早い時間で営業を終わらせると従業員も終電前に帰宅でき、深夜勤務がなければ身体の負担も減る。働く従業員が安全、安心で長く働ける環境もサスティナブル（持続可能）の一つなので、非常に重要である。

サスティナブルには前述した通り、お金と時間と労力がかかる。充実した福利厚生、労働時間の短縮、休みの増加を目指すために、生産性を上げていかねばならない。あらゆる面での持続可能な施策を可能にしていかねばならない。

# 3. ジャパニーズ・バーテンディングの本質

「ジャパニーズ・バーテンディング」について私が語るにはいささか若すぎるし、正直、憚られる。しかし、革新し続けていくカクテルの世界で日本のバーテンディングが及ぼした影響は非常に大きい。その本質を正しく理解し、考察することは必要だと考え、長らく自分なりに見つめてきた。

ジャパニーズ・バーテンディングとはその技術のことなのだろうか。技術も大きな要素なのは間違いないが、技術はその表層にあるもので、最も大事なものはその技術を生み出した日本人のメンタリティだと考えている。
　「氷が溶けないようにするにはどうすればよいか」
　「より美味しくなるシェイクとはなにか」
この疑問をとことん突き詰めた結果、上田和男氏のハードシェイクが生まれた。ステアの技術や、バーテンダーの立ち居振る舞いもそうである。世界でも一般的になった丸氷は、この日本で生まれた。一つ一つに意味があり、行動があり、技術があり、その継続によってジャパニーズ・バーテンディングという文化と

なっていった。その根底には「本質を求める精神性」があり、それが世界から高く評価される日本のバーテンディングの根幹を支えている。

本質とは何かを日々考えるがゆえにグラスを選び、技術を選び、氷を研究する。その本質は常に、「美味しいとは何か」だと思う。この本質がないカクテルはうわべであり、流されていく「もの」となる。本質を求めると疑問が湧き、その疑問を解決するために試行錯誤し、実験し、検証し、そして発見をしていく。本質を追求する流れが受け継がれた結果が今の日本のバーテンディングであると私は思う。そしてその結果は、同じように研究及び検証してきた日本のバーテンダーの数だけ存在する。すなわち、ジャパニーズバーテンディングは技術ではなく、美味しさを求める探求心そのものであり、その答えはけっして一つではない。

禅や侘茶にも通ずる日本的な考え方がバーテンダーにもあると思う。上田和男氏は著書『カクテルテクニック』でそれをバーテンダー道と呼んだ。日本のバーテンディングを学びたいという外国のバーテンダーには、ぜひ「禅」や「茶道」も併せて学んでもらえればより深く理解できるかと思う。

日本の多くのバーテンダーたちが研鑽し、育んだ技術の粋を私たちの世代は引き継ぎ、次世代に渡す役割がある。日本のバー文化は独特なバー文化であり、いい意味でのガラパゴスだと言われることもある。ただ、「美味しいとは何か?」を何十年もかけて考え、出した答えのかけらが各個人の中にあり、共有されずに終わっていくことも少なからずあると思う。それをつぶさにとは言わないが、先述した教育と合わせて残していくことが、今なすべき役割の一つと考える。本書もまた、後の世代のための情報になればと願う。

伝統や古典を学ぶことは必要である。伝統や基礎は、守破離の「守」の部分。そして今を知り、時代に合わせて新しい価値を作っていく。伝統を踏まえた上で壁を「破」っていく。創造力にもピークがある。そのピークを越えたら、今まで創り上げてきた技術、知識、考え方を未来に残していく。現在の場所から「離」れて新しい役割に移るのである。

今から数十年かけてさらに業界の発展とカクテルの創造に対して一人一人が何ができるかを考えてみよう。近い将来、日本人バーテンダーがアフリカや中東で活躍し、その国のバーテンダーの教育機関を作ることもあるかもしれない。バーテンダーもバーもカクテルも、変化し続けてこそ未来がある。各自の意思や行動で、そんな未来が無限に広がっている。バーテンダーもバーもカクテルも、変化し続けてこそ未来がある。

# あとがき

本書を書くにあたって、非常に多くの方々にご協力をいただいた。まずはこの場で御礼を申し上げたい。柴田書店の編集の木村さんには文章、進め方、構成など本書のすべての部分で助けてもらった。一貫性のあるものを作るためにはどういう視点が必要か、文章を多数の人にわかりやすく伝えるためにはどのような構成が必要か、多くのことを学ばせていただいた。カメラマンの大山さんのおかげで、カクテルたちが生き生きとして写真として残ることができた。撮り方ひとつで劇的に変わる。伝えたいことをどうやって写真の中に込めるかということを大山さん、木村さんのお二人で長い時間本当に考え、根気よく撮影に臨んでくれた。撮影時の、私のおぼろげなイメージにも真摯に耳も傾けてくれたことに本当に感謝している。

材料の調達や撮影のサポートしてくれた社員のメンバー、不甲斐ない私にバーテンダーやカクテルというものをいろいろと教えていただいた諸先輩バーテンダーの方々、切磋琢磨して業界を牽引していっている友人バーテンダーのみんな、お茶の本質を教えてくれた茶農家の方々、日本の蒸留酒を支えている新進気鋭の焼酎酒蔵の方々に改めてお礼を申し上げたい。皆様の支えのお陰で本書を書きまとめることができた。

カクテルは文化である。文化は人とのつながりであり、バトンのように引き継がれていく。カクテルを通して文化をつくることを目的として店舗を開業し、

10年間やってきた。私がこれだけ多様なことに興味を持ち、カクテルを作ってきたことには理由がある。飽くなき好奇心ということもあるが、まず、全ての液体はカクテルになる可能性がある。その液体、材料に際限はなく、使う機材もどんどん新しくなる。これまでお茶、コーヒー、クラフトビール、焼酎を「カクテル化」したが、その次は日本酒、あらゆる植物カクテル…と、計画は続いていく。そうやってどんどん「混ぜる」ということを拡大させていき、それぞれの検証やレシピを膨大に積み重ねていけば、その先に必ず収斂という反動が起こるだろう。調合という考え方を限界まで拡大した後、無駄な技術や知識がそぎ落とされ、最後に残った考えや手法で作ったカクテルが、私にとって最高のカクテルになるだろうと信じている。まだ見ぬそのカクテルのために、今は「複雑性の追求」、「技術の発見」、「科学的機材の使用」をいとわない。その軌跡と実証が「道」を作り、長い時間をかけて多くの「カクテルの文化」を作っていく土壌になると信じている。

ミクソロジーというカクテルの考え方がより一般的になり、より自由になり、限りない創造性がさらに多くのカクテルを生み出し、そして人々に愛される、そんな未来を願っている。本書が、一人でも多くのバーテンダーやカクテルを考える人の悩みを解くきっかけとなり、カクテルの可能性は無限なのだと、バーテンダー道を進む一助になれば、望外の喜びである。

南雲主于三（なぐもしゅうぞう）

1980 年岡山県生まれ。'98 年にバー業界に入り、'06 年の渡英を経て、'09 年にスピリッツ＆シェアリング㈱を設立。都内に 5 店舗のバーを運営し、酒類販売、コンサルティング、ケータリングサービスをメインに事業を展開している（'25 年 4 月現在）。'26 年以降、クラフトビールカクテルの専門店、ビーントゥバー併設のメメントモリの新店舗、ミクソロジーサロンの世界店舗展開、カクテルの専門学校としてミクソロジーアカデミアの開校を計画中で、さらなるカクテルの探求を目指している。

#1. Mixology Akasaka（東京・赤坂）
#2. Mixology Salon（東京・銀座）
#3. Mixology Heritage（東京・日比谷）
#4. Memento mori（東京・虎ノ門）
#5. Folklore（東京・日比谷）
#6. Mixology Boutique（東京・日比谷）
#7. Mixology Online Store
#8. Mixology Consulting & Catering Service
http://spirits-sharing.com/

## ザ・ミクソロジー　カクテル創作のメソッドとテクニック　The Mixology

初版発行　2019 年 7 月 15 日
3 版発行　2025 年 5 月 30 日

著者 ©　南雲主于三

発行者　丸山兼一

発行所　株式会社柴田書店
　　　　東京都文京区湯島 3-26-9
　　　　イヤサカビル 〒113-8477
　　　　電話　営業部 03-5816-8282（注文・問合せ）
　　　　　　　書籍編集部 03-5816-8260

URL　　https://www.shibatashoten.co.jp

印刷　　TOPPAN クロレ株式会社

製本　　加藤製本株式会社

本書掲載内容の無断掲載・複写（コピー）・引用・データ配信等の行為は固く禁じます。
乱丁・落丁はお取替えいたします。

ISBN 978-4-388-06306-2

Printed in Japan　©Shuzo Nagumo 2019